内容简介

生于七夕夜，长于帝王家。本该风流才子游戏人间，却偏偏注定身穿龙袍、头戴金冠。本该诗词歌赋美酒佳人，却偏偏沦为亡国之君、王朝易变。若单单身为文人，倒也好；若只是作为帝王，也不错。偏偏二者并存，注定了一个人的悲剧、一个时代的悲剧。不该带着文人性情，生于这最是残酷的帝王家，长于这烽烟乱世。江山犹是，可惜不再是自己的江山；昔人非，却偏偏只能自尝其果。

图书在版编目(CIP)数据

人生长恨水长东：我的历史偶像李煜 / 汉滴著. —北京：电子工业出版社，2011.6

ISBN 978-7-121-13267-4

Ⅰ. ①人… Ⅱ. ①汉… Ⅲ. ①李煜（937～978）—人物研究—通俗读物
Ⅳ. ①K827=432

中国版本图书馆CIP数据核字（2011）第060546号

责任编辑：张　昭
特约编辑：寇国华
印　　刷：三河市鑫金马印装有限公司
装　　订：
出版发行：电子工业出版社
　　　　　北京市海淀区万寿路173信箱　　邮编　100036
开　　本：720×1000　1/16　印张：14.25　字数：185千字
印　　次：2011年6月第1次印刷
定　　价：28.00元

凡所购买电子工业出版社图书有缺损问题，请向购买书店调换。若书店售缺，请与本社发行部联系，联系及邮购电话：（010）88254888。

质量投诉请发邮件至zlts@phei.com.cn，盗版侵权举报请发邮件至dbqq@phei.com.cn。

服务热线：（010）88258888。

人生长恨水长东

我的历史偶像 李 煜

南唐后主的挽歌，千古词帝的赞礼

汉滴◎著

电子工业出版社

Publishing House of Electronics Industry

北京·BEIJING

南唐后主的挽歌　千古词帝的赞礼

生于七夕夜，长于帝王家。

本该风流才子游戏人间，却偏偏注定身穿龙袍头戴金冠。

本该诗词歌赋美酒佳人，却偏偏沦为亡国之君王朝易变。

若单单身为文人，倒也好。

若只是作为帝王，也不错。

偏偏二者并存，注定了一个人的悲剧和一个时代的悲剧。

不该带着文人性情，生于这最是残酷的帝王家，长于这烽

烟乱世。

江山犹是，可惜不再是自己的江山。

昔人非，却偏偏只能自尝其果。

序 言

七夕明月夜

七夕的月色皎皎，澄净如江。七夕的月是半圆月，不是满月。古往今来，年年岁岁，从来不得圆满。

南国如此，汴梁亦是如此。

这轮明月，如钩亦如刀。如他染霜的两鬓，如他淡漠俊朗的双眸，亦如他残留酒污的唇瓣。

独自凭栏，一壶酒，一盏金樽。酒未醉人，人已自醉。

也罢，七夕之夜是他的生辰，这个七夕夜是他四十二岁的生辰！他素爱填词，今日诞辰，他也不忘写一首：

"春花秋月何时了？往事知多少。小楼昨夜又东风，故国不堪回首月明中。　雕阑玉砌应犹在，只是朱颜改。问君能有几多愁？恰似一江春水向东流。”

此词一出，你应该已想起，他就是李煜！

那个有着“一江春水向东流”愁绪的人间惆怅客，那个“天教心愿与身违”的南唐末代君王，那个不知“春花秋月何时了”的风流帝王！

此时的他早已褪去了年少轻狂和君王风流，独留满腹惆怅、余生悲切……

他眼含笑意，邀自己歌妓吟唱。望着歌妓舞姿翩跹，字字圆润，他笑意深了些。

再回眸，酒盏已翻，酒渍顺着桌沿坠于地上，酒污流入他的袖间。

歌妓依旧唱着《虞美人》，频频向他点眸。

李煜慵懒地望着歌妓，慵懒地依靠着卧榻。好久没这样享受了，自己好像又是南唐的王了。

殊不知，这是他生命终结的一夜，他生命中的最后一个七夕夜！

生于七夕，魂归七夕。李煜的生命轨迹宛如一个完整的圆，从起点又重归起点。

南唐升元元年（公元937年）七夕夜，正当南面大地家家户户盛传牛郎织女的动人传说，水灵明艳的水乡姑娘偷偷向织女星“乞巧”，亲密无间的恋人相依于藤架下偷听牛郎织女私语之时，我们的主人公李煜也宛如仙人，在这浪漫美好的日子降临人间。

“伫灵匹于星期，眷神姿于月夕”，王勃这首《七夕赋》充满神话色彩。七夕不仅是百姓欢度的节日，也是神灵们的佳节。

“七月七日为牵牛织女聚会之夜，是夕，人家妇女结彩缕，穿七孔针，或以金银鍮石为针，陈瓜果于庭中以乞巧，有喜子网于瓜上则以为符应。”载于南朝梁宗懔《荆楚岁时记》的这段文字，将七夕之夜描述得宁静恬美。七夕夜生的人，定也带着这样的美丽，并且会是很讨巧的。

> 迢迢牵牛星，皎皎河汉女。纤纤擢素手，札札弄机
> 杼。终日不成章，泣涕零如雨。河汉清且浅，相去复几
> 许。盈盈一水间，脉脉不得语。

迢迢牵牛，皎皎织女，一生一代一双人，争教两处销魂。相思相望不相亲——七夕之夜出生的人，会不会也被这个"情"字纠结缠绕一生？

> 七夕今宵看碧霄，牛郎织女渡鹊桥。家家乞巧望秋
> 月，穿尽红丝几万条。

嗷嗷之声一响，果然牵动红丝千万条！接红帕传热水，产房中当是一片热闹繁忙。婴孩啼哭声震彻云际，产房内所有人方松了口气。李煜的母亲钟氏七夕产子，气虚体弱的她产后虚弱。面上依旧带着笑容，疲惫的脸上写满幸福。小李煜粉嘟嘟的面孔，额头宽宽的有福相，宫人不住地赞扬之余，李景通已至夫人帐下。看到自己的小儿子，李景通已显沧桑的脸上闪现着慈父的暖意。

"今宵适乃七夕佳节，吾儿在此吉日良辰降生。为父祝愿他终生幸福，诸事如意，就为他命名'从嘉'，让他一切'从嘉'吧！"李景通点点儿子的鼻尖，眼底笑意犹见（李煜初名唤"李从嘉"）。

多久没这样开心过了呀！李景通叹息，这该是他第六个儿子了。可惜的是，二儿子之后连着三个儿子都夭折了，他已经不知再为人父是何感觉了！李景通咬咬牙，素来儒雅的他第一次面露狠色，"我一定要将从嘉护好！"

三日后，小李煜眼睛初开。钟氏本是惊喜的心顿时凉了一大截，这孩子居然有两个瞳孔，这不是传说中的重瞳子吗？

李景通知晓后，惊愕之余讪讪一笑。他面上安慰泪眼婆娑的妻子，心底却是讥诮钟氏妇人之见！

从嘉命贵不可言，哪里会不吉利？重瞳虽有两个瞳孔，与常人有异。但古往今来，史书所载重瞳之人都是声名赫赫之辈。舜帝是重瞳子；晋文公重耳乃春秋五霸之一，也是重瞳子；楚霸王项羽也是重瞳子。这些风云人物哪个不是有所作为，做了丰功伟绩，名留青史的？

李景通再细细端详自己的儿子，额宽目朗的，两只眼睛黑溜溜的，就是有气度，哪里只是个小孩子？李景通越想越得意，这小子莫不是上天对他前些年所受丧子之痛的补偿？

李景通对小从嘉的厚爱就此萌芽生根，小从嘉自此成了他的心头肉，掌中宝。

冬去春来，小从嘉已是蹒跚学步，该行抓周礼了。

"江南风俗，儿生一期，为制新衣，盥浴装饰。男则用弓、矢、纸、笔，女则用刀、尺、针、缕，并加饮食之物及珍宝服玩，置之儿前。观其发意所取，以验贪廉愚智，名之为'试儿'。"除了这段见于北齐颜之推的《颜氏家训·风操》中关于抓周的记载，还有不少著述论及抓周习俗。从这些著作中推断，抓周应当在南北朝时就已普遍流行于江南地区，至隋唐时风靡全国。

南唐地处江南，更受唐朝遗风影响。又是李氏后人，故对于抓周更是重视。李景通父亲李昪是南唐开国皇帝，从嘉按辈分论，当属皇孙。从南唐帝王基业角度出发，李景通也有必要测测自己的小儿子是否有谋略手腕治理一方，能否在这乱世中主宰沉浮。

《梦粱录·育子》载："罗列锦席于中堂，烧香秉烛。金银七宝玩具、文房书籍、道释经卷、升斗戥子、彩缎花朵、官楮钱陌、女工针线、应用物件并儿戏物，却置得周小儿于中座，观其先拈者何物，以为佳谶。"这些都是抓周所需物事，抓到什么就代表这孩子将来和哪个有缘。如果抓的是金银七宝玩具，那这孩子则是富贵的命。有口道福儿，善于及时行乐；如果抓的是文房书籍，那这孩子是聪明的娃，会读书，腹有诗书气自华；如果这孩子抓的是秤尺刀剪，那这个孩子会算计，可做出色的商人；如果是官楮钱陌，那以后这孩子官运亨通，会直上青天；至于女工针线则是女孩子家物事，抓到的孩子心灵手巧，蕙心兰质。

李景通抱着小从嘉坐于中座，小从嘉扳起小手玩得正起劲，似乎对周遭一圈的所有东西都无兴趣。

"儿子，抓印章！"钟氏心急如焚，她满心期盼自己的儿子争气些，最好抓到绶带章印。

可惜这小从嘉真不给他娘钟氏争口气，居然抓起一卷书，细看还是一卷佛经！这跟七百年后，富家公子哥贾宝玉抓周抓起一盒胭脂何其类似——都是不学无术，失了志气呀！

钟氏无奈摇头，李景通微微诧异，烈祖李昇更是朗笑。他二人都是清静爱佛之人，李煜抓周抓到佛经，倒是让爷爷和父亲更上心了！

七月一过，天也凉了，荷花也开始凋谢。池塘独留一方绿波游萍，西风织起歇歇细雨。李景通不觉悲起秋来，抱着李从嘉在屋檐下吟起词来：

菡萏香消翠叶残，西风愁起绿波间。还与韶光共憔悴，不堪看。 细雨梦回鸡塞远，小楼吹彻玉笙寒。多少泪珠无限恨，倚阑干。

小从嘉黑亮的眸子望着父亲，双瞳里映出父亲微蹙的眉头。小嘴也开始嘟哝，似乎明白了什么。

悲情而可爱的李从嘉就在父亲母亲的呵护下，在锦衣华服中一天天地长大。无忧无虑的孩提岁月，小从嘉更是孜孜不倦，他耽于抓周时便已注定是明理的物事——经和卷，书与佛。

目　录

拾

叁

第一章　南唐帝王业

生于七夕夜，长于帝王家。翻阅李煜的族谱，一览帝王家的气度，我们会惊叹南唐是五代十国中独具风华的国度。李煜所生活的时代，是一个华丽却又陈旧的年代，是一个笙歌与戎马交错的年岁，是一个剑影刀光与美人清影交叠的岁月。探寻这样一个王国的兴衰成败，我们不仅为了见证它的风华和它的气韵，更是为了研读一个国家的厚重和一个时代的沧桑。

一　雄才烈祖

走近"五代十国"

小从嘉出生的年代是一个群雄割据，烽烟四起的乱世，我们称其为"五代十国"。五代十国是一段跨越和动荡的时期，类似于春秋战国和南北朝这些乱世之秋。南北大分裂、地方割据称雄称帝、各政权间相互争斗又相互制衡且政权内部的更迭频繁是这一时期最显著的政治特征。

"五代"是指后梁—后唐—后晋—后汉—后周这五个政权更迭的

时代。除后梁一个短暂时期及后唐的都城在洛阳外，后梁大部分时期和其他三代都以开封为首都。五代为期五十四年，有八姓称帝，共十四君。后梁和后周的君主是汉族人，后唐、后晋和后汉的君主是沙陀族人。他们都建国于华北地区，疆土则以后梁最小，后唐最大。南唐建国于937年，亡于975年，先后与后晋（936年—947年）、后汉（947年—951年）和后周（952年—960年）并立。当然，我们重点关注的应该是后汉和后周这两个朝代，尤其是后周。后周不仅发展成当时各方面实力最为强大的国家，而且还将出现李煜一生的对手赵匡胤，以及一位撼动当时格局的时代改革家周世宗柴荣。

至于十国，那是和五代并立的几个国家，包括前蜀（907年—925年）、后蜀（934年—965年）、吴、南唐、吴越（907年—978年）、闽、楚、南汉（917年—971年）、南平（荆南）和北汉（951年—979年）。北汉建国于今山西境内，其余九国都在南方。所以读者应该可以想象得出五代十国的大致风貌——南北对峙，北方轮流承皇帝，南方多国隔江并立。

大鹏一日同风起

李昪（888年—943年）是李煜的祖父，也是南唐的开国者。其字正伦，小字彭奴。徐州人（新五代史），又一说为海州人（旧五代史）。唐宪宗之后，父亲名荣是一个虔诚的佛教信徒（李煜和佛教结缘也就不足为奇了吧）。父母在战乱中离世，成了孤儿的李昪只好到寺庙里勉强维生。后来吴王杨行密派兵支援山东的王师范，攻打濠州（今安徽凤阳）时遇到了他。

杨行密觉得这孩子眸子黑漆漆的，虎头虎脑，当即收为养子。此事本是好事，可杨行密诸子不能容忍自己的父亲收受义子（其实深层次的原因是杨行密宠爱他，而且《新五代史》载，杨行密"奇其状貌，养以为子"。对于富家公子哥，要容忍父亲喜欢外人，而且是比自己长得俊俏的穷小子，那的确是件羞耻的事情）。因此杨行密无奈将李昪送给了徐温，并改名为"徐知诰"。

杨行密在当时也算得上是位大人物，他因军功煊赫，世有"高才捷足"之称。唐末受封吴王，902年—905年在吴王位，为五代十国中南吴国的实际开国者。

杨行密发迹于唐朝末年，后灭孙儒，进军扬州城。在任淮南节度使期间，杨行密自己又出兵扩大地盘。即将淮河以南和长江以东的大片领土都纳入了自己的势力范围，为后来吴国的疆土基本上定了型。

巩固南方基业时，杨行密褪去武将浮夸自负的作风。选贤任能，重视人才，发展农桑。

905年，杨行密溘然长逝。当地百姓无不为之扼腕。

杨行密去世后，徐温逐渐排除对手掌握了军政大权。并且拥立杨隆演建立了吴国，之后又主持谋划杨溥称帝，因而成为吴国的第一大臣。他让长子徐知训驻守扬州（今江苏扬州东北），自己则坐镇润州（今江苏镇江）。隔江控制朝中大权，而徐知诰也渐渐显露才华。

徐知诰长大后，不但相貌出众，而且胆略过人。其为人厚道，待人诚恳。人缘也很好，威望高过徐温的其他儿子们。

几年后，徐温让徐知诰做楼船军使，率领水军驻守在金陵。其随军出征立下战功，被升为升州（今南京）刺史。徐知诰勤于政事、力求节俭、广交儒生且实施仁治，深得百姓爱戴。

不久，徐知训因与部下朱瑾存在恩怨，被朱瑾寻机杀死。扬州顿时大乱，徐知诰隔着长江见对岸火光闪烁，马上召集部下渡江，进城之后很快就平定了朱瑾的叛乱。

徐知诰平息叛乱，并且稳定局势后代替徐知训治理扬州。

徐知诰执政后，扬州渐渐繁荣阜丰。徐知诰春风得意正当时，而远在金陵的徐温老迈，身体渐渐衰弛。

步步为营帝王路

顺义七年（927年），徐温病死在金陵。

这对当时已年近不惑之年的徐知诰是一个天大的际遇，也是一个艰难的挑战。

徐知诰不仅有能力，也很有抱负。早在其十岁时，他便写诗《咏新竹》，其中两句显示了其初生牛犊不怕虎的宏大志向。

徐温死后，徐知诰马上行动起来。他一方面以最快的速度将金陵接管过来；另一方面派兵阻止徐温的亲生儿子徐知询来继承徐温之位，而由自己继承了徐温之位。徐知诰代替了徐温的权臣职位，将杨溥推上了皇帝的宝座，自己掌握朝中实权。

"挟天子以令天下"这招很快见效。徐知诰自恃羽毛丰满，吴王杨溥和徐温诸子软弱可欺，便加快了政治上的篡代步伐。

徐知诰做的第一件事就是给自己正名——借光复李唐之名来获取民心。

徐知诰毕竟也不真是个小喽啰，未成孤儿前，其父十分有背景和声望。他是唐宪宗之后，身份持重。当今天下分崩离析，可哪一个是师出有名的？

世人多半怀念大唐，对"朱温灭唐"耿耿于怀，颇有诟骂。

唐朝，多么富丽华贵的时代？浩荡千年历史，载不尽的就数"唐"了！

贞观之治，开元盛世；富丽张扬，包罗万态；四方来朝，威名远播；歌舞美酒，美人难数；文章词作，妙笔难书……

老百姓都期盼那样的时代，即使那个时代远离。着眼现实，放眼秦淮河，笙歌曼舞。那一片光华中，似乎透着大唐的影子？

即使不能回到大唐，为何不相信那个有气度有谋略的大唐皇室后裔，给我们重塑这样的辉煌？

徐知诰改名"李昪"，达到的效果虽不是一呼百应，但百姓对他却也十分敬畏，并且对其满怀希望。

光名字还不够，李昪需要更多。他不仅需要百姓敬畏他，还需要百姓膜拜他！

不日，秦淮河上便流传一首隐喻李氏兴和杨氏衰的民谣：

江北杨花作雪飞，江南李树玉团枝。

李花结子可怜在，不似杨花无了期。

李和杨，李花结子，杨花无期。这不是说李昪有前途，大有作为；而杨家已经穷途末路，江河日下了吗？

百姓之中流言飞短流长，津津乐道的有，举棋不定的也有；心里嘀咕的有，故作深沉的也有，不一而足。可百姓的这些反应，正合了李昪的心意。

一切被布置得高超精妙，深不可测。一桩桩神乎其神的事之后，李昪的王者形象越发深入人心了。水到渠成，因势利导，李昪终于在知命之年登上了帝王宝座。

与民休息守仁义

说李昪的仁义节俭，主要是想和他的子孙对比，从中看看我们的男主角和开国皇帝究竟有怎么样的区别。

李昪当上皇帝后，更是念起南唐百姓来，仁义之风尽显。他登位后恪守准则，决心与民休息，不动干戈。他先后拒绝了南汉王提出的联兵伐楚的提议，以及朝臣提出的征讨新主继位的吴越国的请求。

他时常劝导太子李景通："汝守成业，宜善交邻国，以保社稷。他日北方倘以武力寻衅，汝能守吾言则为孝子，百姓定谓汝为贤君矣！"

你也许会觉得李昪这样一个深谙权谋、胸有大志且行军有道的将才，之所以甘于守业而不是开疆拓土并图谋一统天下，肯定是安于现状、贪图享受且乐不思蜀。实则不然，李昪与民休息时自己也是力行节俭，反对铺张浪费，对于他的太子也是如此。有司奏请李昪，言及太子李景通要用杉木制作板障，李昪批曰："杉木固然不乏，但宜留做战舰，板障以竹代之可也。"

这个寒门出身的君王，平日着装朴素。脚穿蒲编草鞋，衣无罗绮锦绣。盥洗和饮食等各类日常用具全为铁器，严禁有司添置金银制品。他不贪图声色犬马，下令将后宫年轻貌美的姝丽全部裁汰，在身边只留几名老丑勤快的宫女照顾起居。对于那些使历代帝王玩物丧志的歌伎、舞乐、苑囿和器玩等，他更是深恶痛绝，弃之不用。

这样的德行，对于一个皇帝来说真的不容易。我们甚至可以说他是"爱民如子，高风亮节"，这和日后他的子孙形成多大的对比呀！

而在他百年之后，他的子孙展现给世人的又是怎样一幅画面？

在李昪的治理下，南唐国力显著提升。并成为"十国"中的强者，周边诸如吴越、荆南、闽、南汉、后蜀和于阗等国都纷纷来朝。

时人沈彬在《金陵杂题》咏李昪道："正惭海内皆涂地，来保江南一片天。"

南唐升元七年七月，昪卒，年五十六。谥曰光文肃武孝高皇帝，庙号烈祖，陵曰永陵。

复言李昪之死

李昪的死，实在令人百感交集。既有几分惋惜无奈，又有几分荒谬可笑之感，更不乏警示意义。

"吾欲求延年，试服金石。不想事与愿违，反倒速死，汝当以此为戒。"这是李昪在临终前对太子李景通说的。

南唐烈祖李昪于南唐升元七年（公元943年）因信奉长生道术，死于丹石中毒。中毒者全身发红，身体滚圆，因丹药发胀撑死。今人谢志东研究唐朝共有二十一位皇帝，多食丹药。这种"延年之药"不仅没有延长唐朝皇帝的寿命，反而还药死过几位皇帝。

唐朝皇帝前仆后继地迷恋丹药，真的是追求长生不老吗？历史上诸如秦始皇派徐福寻仙药及汉武帝信方士求长生不老的英主大有，难道这次也不是例外吗？其实不然，据说，唐皇帝吃丹药还是为了治病。李唐皇族有一种遗传病叫"风疾"，史籍中明确记载，患此病症者有高祖、太宗、高宗、顺宗、穆宗、文宗和宣宗。风疾即现在所说的中风，发病急骤且死亡率高。

还有一个原因是当时的医学家同时又都是炼丹家，葛洪（世称"葛神仙"）在其医学著作《抱朴子内篇》中，有"金丹"和"黄白"二卷专门记述和总结如何炼制金丹仙药；孙思邈的《千金要方》中也包含了不少炼丹法的内容。在这些名医推崇下，促使许多人对丹药更加深信不疑。

综合这些原因，李昇笃信丹药，受其父亲影响难免信佛。自己又是唐宪宗后人，心理上难免暗示自己得了家族遗传病，"寻丹问药"也是合乎情理的。

李昇的死也昭示了一个道理，即"过分迷信沉迷一件事物是非常不可取的，轻则害了自己；重则耽误了整个国家。"

烈祖李昇死后，南唐会是怎样的光景呢？李景通，李煜的父亲登上皇位，南唐又会是怎样的景象？历史的洪波是奔涌向前还是遭遇变数？另一边风雨动荡的后晋又是怎样地垂死挣扎，是国陷契丹之手还是亡于弄臣之掌呢？

待我，笑揽风云动，睥睨大国轻。

二　南唐中主

性喜功兴军策

南唐升元七年（公元943年）烈祖李昇驾崩，太子李景通即位，改元保大。

李景通即位初，还能沿袭先皇遗策。睦邻友好，恭俭庄敬，礼贤下士。他常常以孙皓和陈叔宝两位末代君主警醒自己："君王当以酒色为戒，切不可学孙皓和陈叔宝两主，耽于声色。受面缚衔璧之辱，落得个国破家亡。前车之鉴，朕当铭记于心矣！"

可惜，政治上无远略且言行轻率的李景通，莫说持之以恒，甚至连身体力行也没做到。他登上皇位后，独断专行。用人全凭自己喜好，所选多为"滥才"之人。"滥才"，并不是指他所用之人并无才华；相反，这些人非常有才华。文章卓越，文采飞扬。"滥才"是指这些人的才华都浮华轻佻，并无深谋远略、指点江山、论说时势和定国安邦之能。时人讥为"五鬼"的冯延巳、冯延鲁、魏岑、陈觉与查文徽就是这类人中的典型。

李景通在大臣枉纵之下，治国无为渐渐显露，南唐国运开始变幻。南唐保大二年至五年（公元944年—947年），闽国王氏兄弟为争夺帝位大动干戈，自相残杀。战祸闹得闽国民生凋敝，一片混乱，沸反盈天。李景通心存贪念，趁火打劫，派人攻打闽国国都建州。闽军无暇顾及南唐入驻，竟使得南唐军队一路高歌猛进。建州于南唐保大四年（公元946年）陷落，闽天德帝王延政被俘虏，扭送到金陵。

李景通对自己出征告捷，即攻取建州和俘虏了天德帝十分得意。并且更加热衷于对外扩张，先后将汀州、泉州和漳州等州县收罗南唐版图之下。

南唐进攻闽国，实属非正义的战争。李景通自命"大唐苗裔"，却不以仁义为念；反而纵容自己的将帅，气焰十分嚣张。南唐军队攻占一城后马上进行烧杀抢掠，无恶不作。李景通好大喜功，命臣下继续挥师进攻福州，意图吞并整个闽国。不料由于出师轻率、指挥失误且不得民心，南唐军队惨败。两万多兵士丧生，军资器械损失不计其数。

李景通自知兵败后，为了安抚百姓，下诏罪己，言"上违天意，下夺农时"和"咎将谁执？在予一人"。这般虔诚的悔过，本以为李景通是抱着赤子之心痛改前非的。岂不知他刚愎自用和好大喜功的秉性不改，心心念念着再度征服他国。

有一大臣讨好他说："待陛下平定江北，还都长安，臣乞任归还。"

"平定江北，还都长安！"李景通欣欣然，心里又开始蠢蠢欲动。南唐保大九年（公元951年），他又乘西邻楚国马氏子弟内乱之机，发兵攻楚。

南唐军队在短时期内灭亡了楚国，李景通正为南唐版图几近扩大一倍沾沾自喜之际，同样怀着趁火打劫之心的南汉也派兵入楚，大败南唐守军。

南唐用兵闽与楚，得不偿失。伐闽之战，就将李昇生前积蓄的财力物力消耗过半。及至伐楚，国库已经是十分空虚。为了支付庞大的军费开支，李景通不得不增加赋税。南唐百姓税赋加重，怨声载道。李景通顽石之心终于被点破，他立下誓言："将终身不用兵，何数十年之有！"

慑于后周去帝号

"落后就要挨打"，这话放在李景通当政的南唐也是十分贴切的。

李景通在连续向闽与楚发兵后，国力大损，而此时天下大势已发生骤变。南唐久陷征伐闽楚的战争泥潭，元气大伤。虽意图北伐，但力不从心。终因财力物力匮乏，迟迟不能行动。待后汉建立，南唐最终丧失北伐良机。

中原五代中的最后一个王朝，即取代后汉的后周的建立，更是让本已国力衰微的南唐如临大敌，更显衰微。后周不同于五代十国中其他国家，主要原因是出了两代杰出的政治军事家。顺应历史潮流，一改五代十国靡风。太祖郭威锐意改革，后周政通人和，国富兵强，为统一天下奠定了基础。郭威壮志未酬，于后周显德元年，即南唐保大十二年（公元954年）溘然病逝。他的养子晋王柴荣即位，继承他的志向，将后周国力推向新的高度。

"十年开拓天下，十年养百姓，十年致太平。"后周世宗柴荣就是抱着这样的决心南征北战，意图一统天下的。

从《平边策》里可以看到他的宏图，他的锦绣山河。出轻兵四处袭扰，诱使南唐多处出兵，兵疲财竭；然后挥师直入淮南，饮马长江，渡江南征。灭掉南唐，巴蜀和岭南诸国必然唇亡齿寒，定会不战而降。南征大获全胜，再挥师扫荡契丹和北汉，如此一统天下便唾手可得了。

之所以要强调这个方针，因为这也是北宋统一的大致方略。先易后难，先南后北。

柴荣经过多方准备，于后周显德二年，即南唐保大十三年（公元955年）冬下诏正式讨伐南唐。

"勾诱契丹，至今未已；结连并寇，与我世仇；罪恶难名，人神共愤。"——这是柴荣明确点明的攻伐南唐的理由，虽道貌岸然，但也不失为一事实。

"王师所至，军政甚明。不犯秋毫，有如时雨。百姓父老，各务安居。剽虏焚烧，必令禁止。自兹两地，永为一家。凡尔蒸黎，当体诚意。"——这是柴荣对自己军队做出的严苛要求，这和李景通征伐闽楚又有多大的区别呀！

相比较之下，谁得道谁失道，谁真人君谁土皇帝，一看便可分高下。柴荣以宰相李谷为淮南道前军行营都部署，以忠武节度使王彦超为行营副都部署，偕侍卫马军都指挥使韩令坤等十二员大将，率领浩浩荡荡的大军直指南唐北疆门户寿州。其后又连续两次御驾亲征，深入江淮腹地。

门户即将洞开，南唐君臣却依然沉醉在歌舞升平之中，对后周蓄谋已久的进攻完全没有戒备。等到后周将士大举渡淮，李景通才仓促布阵，企图遏制后周攻势。由于准备不足，抵抗不力，所以滁州失守后南唐东都扬州和泰州都陷入后周之手。

三城陷入敌手，李景通慌了道，忙派人前往敌营求和。李景通派遣使臣携亲笔书信，前往徐州面呈柴荣，乞求退兵。信中说："唐皇帝奉书大周皇帝，请息兵修好。愿以兄事帝，岁输货财以助军费。"尽管李景通对柴荣尊为兄，也提出纳贡求和，但柴荣岂肯罢休？

使臣回复后，李景通心里只有干着急的份。后周攻势不减，李景通多次派人增开条件，从愿向后周称臣并献万金到愿取消帝号、割六州地及年贡金帛百万，依旧难改柴荣拒绝退兵的强硬态度。

后周在攻陷寿州之后，乘胜发动强大攻势。仅用一年时间就攻占了南唐辖属的江北绝大多数州县，并将后周的数百艘战舰从淮水经运河驶进了长江。

长江告急，金陵危矣。

李景通心知大势已去，为了保住江南的半壁河山，忍痛提出以划江为境，将包括寿州、扬州和泰州和通州在内的十四州土地割让给后周。并称臣纳贡，每年进献贡物数十万。柴荣深感此次御驾亲征如愿以偿，收取的财力和物力可弥补久战之虚。

为讨好周世宗，同时避柴荣高祖郭威之讳，李景通又更名为"李璟"。并且废止"交泰"年号，奉后周正朔，始称"显德五年"。李景通征战所扩大的地盘在周世宗征战后，所辖地界只剩下了江南二十一个州。

这只是一个屈辱的开端。

中主词开新秀色

李璟不是一个好皇帝，但确实是一个好文人。

因常年混迹于诗词歌赋中，擅长作词。所以他的词感情真挚、风格清新且语言不事雕琢。如清水出芙蓉，读来令人神清气爽，毫不矫饰。

潭莹《乐志堂诗集》中将其所传词连做一首诗，给予了高度评价："能使阳春集价低，浣溪沙曲手亲题。一池春水干卿事，酷似空梁落燕泥。"

言李璟词是阳春白雪，宛如一池春水或春日里啄泥的新燕。李璟词在某些方面是超过李煜的，陈廷焯在《云韶集》言："（中主词）凄然欲绝，后主虽工于怨词，总逊此哀婉沉至。"

《应天长》属李璟仅存四首词之一：

> 一钩新月临妆镜，蝉鬓凤钗慵不整。重帘静，层楼回，惆怅落花风不定。柳堤芳草径，梦断辘轳金井。昨夜更阑酒醒，春愁过却病。

012

词中描写了一个新月弯弯下，怀春伤感的少女向着梳妆台的明镜走去。对着镜中不修饰娥眉，也不整云鬓的自己顾影自怜，更觉慵懒倦怠，再不想打扮自己了。随后少女卷起珠帘，凭窗远眺，楼高夜静。又见月下落花飘舞，忽而想起那方柳堤芳径。自己曾与意中人并肩游乐，无奈再也回不去。昨夜举杯消愁，此时酒醒了，夜也深了。愁病交杂，煎熬少女的心。

此曲景物优美，刻画精细，意境深远。新月明镜、蝉鬓凤钗、楼高人静且落花飘飞，动静结合，虚实相生。由昨夜酒醉到晨起无心梳洗，采用"逆写"手法由现在推及到过去。又由过去回到眼前，少女神伤姿态与伤春情怀被描述得惟妙惟肖。李璟的高妙之处还在于不仅将少女怀春时"愁态"表现出来了，还将少女的"病态"也表现出来了。由愁及病，愁绪更浓了，伤感更深了。

> 玉砌花光锦绣明，朱扉长日镇长扃。夜寒不去寝难

成，炉香烟冷自亭亭。残月秣陵砧，不传消息但传情。黄金窗下忽然惊，征人归日二毛生！

这首《望远行》是怀念远人的小词，写得十分精巧，是一篇难得的佳作。

日渐花光明媚，正堪游乐。可是深宅大院的朱门却紧闭，主人闭门不出。原是少妇情思，春暖之夜，伊人辗转反侧，彻夜难眠。眼望着炉中熏香袅袅，直至炉香中再无轻烟起，她又期盼着那缕轻烟还在亭亭上升。隔着珠帘，远处传来月下捣衣的砧声。声声捣碎离人心，她的心更加沉郁。朦胧之中，东方既白。曙色临窗，晨光投映在窗纱上。她又兀自思虑，心里又是迟疑。待他远征归来，怕是老之将至，两鬓斑白了！

少妇的心思由思虑到忧虑，虽起转很大，但也是合情合理的。试想对于一个每日"夜寒不去寝难成，炉香烟冷自亭亭"的女人，她过的定是度日如年的生活，发出"征人归日二毛生"的感慨也是能够理解的。这是一种忧思哀愁，希望不易实现，又害怕实现时岁月不饶人的矛盾纠葛心理。"玉砌花光锦绣明，朱扉长日镇长扃"用了映衬手法，将春日明艳和朱门紧掩相比；"炉香烟冷自亭亭"则是词人的想象，十分贴合情境；"残月秣陵砧，不传消息但传情"则是渲染，借捣衣声烘托离人心。

这是一幅凄美的真实画卷，读来悲从中来，与"昔我往矣，杨柳依依。今我来思，雨雪霏霏"有着类似的情景和心境。

手卷真珠上玉钩，依前春恨锁重楼。风里落花谁是主？思悠悠。青鸟不传云外信，丁香空结雨中愁。回首绿波三楚暮，接天流。

晨起的姑娘，玉手卷珠帘，又在珠帘上别上玉钩。这是一幅美丽的春日画卷，这是一个敏感心细的美丽女子。珠帘开启，落花随风曳。少女的心思也随着落花飘荡，思绪悠悠。青鸟无用，难传锦书，丁香花也在雨中叹息。美丽的姑娘蹙起眉头，回首远处却是烟雨蒙蒙细雨中，楚天江波接天流。

极具画面美的一首词，让笔者想起雨巷诗人戴望舒笔下那个"丁香似的姑娘"。即带着丁香一样叹息的女孩，叹息的目光，丁香似的惆怅。

李璟词中最著名的当属这首《浣溪沙》：

菡萏香销翠叶残，西风愁起绿波间。还与韶光共憔悴，不堪看。细雨梦回鸡塞远，小楼吹彻玉笙寒。多少泪珠无限恨，倚阑干。

"细雨梦回鸡塞远，小楼吹彻玉笙寒"是千古传颂的名句，少妇从与远去边塞丈夫身边的梦会中醒来，独坐小楼吹奏玉笙。彻夜吹奏不停歇，笙寒心也寒了。

独坐小楼，吹奏玉笙，天地间就只剩下此音律。寒冷凛冽一丝丝沁入心头，深秋的入夜，仿佛要飘起雪。

这是怎样的残忍呀，沧海月明珠有泪，少妇的眼泪也只待在夜中倚栏风干。

此词的其他部分也颇受赞誉，王国维在《人间词话》中记道："南唐中主词'菡萏香销翠叶残，西风愁起绿波间'，大有众芳芜秽和美人迟暮之感。乃古今独赏其'细雨梦回鸡塞远，小楼吹彻玉笙寒'，故知解人正不易得。"

正是有如此才华横溢和雅趣的父亲，李煜的词作天赋是渊源也好，遗传也罢，得了真传也好，更胜一筹也罢，南唐二主词是我们最瑰丽的财富与美的体验。

第二章 忧患起萧墙

李从嘉生来重瞳宽额，颇有贵相，但是他毕竟不是李景通的长子。在李从嘉之前，李景通已经有五个儿子。虽然有几个儿子相继夭折，可李景通毕竟还有成长顺利的儿子长于李从嘉。长幼有序，这南唐的皇位能落到小从嘉头上，还真有一波三折、步步惊心和柳暗花明的味道。

一 兄终弟及

"太弟"李景遂

之所以会有"皇太弟"这个称呼，还要从李景通成为南唐皇帝，并改名李璟之前说起。

李景遂是南唐烈祖李昪第三子，李景通的皇弟，颇得烈祖宠爱。少时即有官位，吴天祚二年（936年）仕吴为门下侍郎参政事。李昪建南唐之后，李景遂自吉王进封寿王，任东都留守兼江都尹。元宗即位，又受封为燕王。后改齐王，加诸道兵马元帅。

李景通除了对李景遂在皇位上让步表示感激之外，还对这个弟弟的才华比较看重。兄弟二人志趣相投，难免会产生礼让或同享的想法。据《南唐书》载，景遂性纯厚恬澹，雅有士君子风。善属文赋诗，与朝士官属饮宴赋诗无虚日。

从李景遂官运亨通，我们不难看出他文武双全、身份尊贵，并颇有才干。据说，李昇晚年的时候觉得嫡长子李景通并不十分满意，曾经想要另立次子李景遂为太子。当时的李景遂却表示自己不敢越次，李昇才不得已打消改立太子的主意。

李景通对此十分感激，在登皇位后不仅加封弟弟要职，委以重任，还想方设法表示补偿。也许是因为这个原因，李景通即位不久即召集文武大臣，在父亲的灵柩前立下盟约，发誓要将皇位传给弟弟。

李景通敢想敢做，在保大五年（947年）正式立李景遂为皇太弟，交泰元年（958年）授天策上将军、江南西道兵马元帅、洪州大都督、太尉和尚书令，并加封晋王；另有一个弟弟李景达升为齐王，加封元帅。李景通自己的嫡长子李弘翼则升为燕王，封副元帅。

从李景通所赐予皇弟李景遂和儿子李弘翼职位大小和重要程度来看，叔侄两人存在很大区别。随着李弘翼年龄和势力的增长，这样的不平衡是很容易被打破的。

这也为后来的"皇储之争"埋下了定时炸弹。

皇储之争

"皇储之争"是李景通嫡长子和"皇太弟"李景遂争夺帝位的一场争斗。

李弘翼（?—959年），南唐文献太子，元宗李景通长子，李煜长兄。曾任吴王，居东宫。他为人猜忌严苛，却颇有军事才能。当时李景通将政务交由齐王李景遂全权处理，也遭到萧俨和孙晟等人的强烈反对，二人坚持要立李弘翼为帝。李弘翼当时虽然年轻，却性情严苛。治起军来当然也比叔父厉害，立下了不少军功，在军中的声望日盛。

南唐保大十四年（公元956年），李弘翼迎来了树立威望并排挤叔父的绝好时机。当时后周进攻南唐，吴越为虎作伥，兵发常州。在此危急关头，镇守润州的李弘翼和前来迎战吴越兵的大将柴克宏密切配合，奋力杀敌，大获全胜。斩首万余，俘虏数千。

李弘翼之后又屡立战功，而李景遂则流年不利。在老哥李景通英明领导下打了败仗的"皇太弟"李景遂一方面是顶不住形势；另一方面也真诚希望自己尚武的侄儿能够挽回国运，一连向李景通交了十封辞职信："今国危不能扶；请出就藩镇。燕王弘翼嫡长有军功，宜为嗣，谨奉上太弟宝册。"

"皇太弟"李景遂坚决要将储君之位让给李弘翼，弟弟李景达也与他共同进退。即以败军之将自毁，要求辞去元帅之职。

李景通挽留不成后，接受了两个弟弟的请求。李弘翼当上了皇太子，参与决断政务。李景遂改封晋王，加天策上将军、江南西道兵马元帅、洪州大都督、太尉和尚书令；李景达封抚州兼润州大都督。

然而李景通"家和万事兴"的愿望并没有得到实现，事情的发展大出他的意料之中。新任太子李弘翼对曾任储君长达十年之久的叔父满腹猜忌，他一当上太子，便显露出刻薄寡恩的本性。他进行了大规模洗牌，就连叔父以前在东宫时曾役使过的侍者，都一定要驱之而后快。

大约是由于父亲李景通曾经许诺过"兄终弟及"的事，所以李弘翼对自己的弟弟们也疑心重重。担心他们终会有一日不利于自己的儿孙，因此他还派了很多亲信去监视弟弟们的行动。

李弘翼在得到太子之位后并不是放下猜忌，专心用人，而是猜忌之心更重了。

现代人有句话说，人世间最令人痛苦的是得不到和失去。李弘翼正是得到了，又害怕失去。他的太子生涯也自此黑暗，人生也开始在昏暗中行走。

诱杀皇叔于球场

李弘冀这位太子爷打起仗来是把好手，闲下来也不能安于平稳，弄权惹事摆架子无所不为。太子当了还没半年，也把老爹李景通惹毛。

李景通不止一次地训斥李弘冀，莫要耽于游戏，做事要有分寸。一次李景通在和后周议和不成后憋了一肚皮闷气，又见已过而立之年的儿子依旧好玩任性且嚣张跋扈，气不打一处来。终于忍不住亲自动手，拿着球杖对李弘冀行起家法来。

一边打他还一边骂个不停，李弘冀对老子苦口婆心望子成龙的劝慰话一句也没听进去，但生性敏感易猜忌的他却对老子的这句话留了心。

李景通所说的是：“吾当复召景遂！”

这无疑是给李弘冀当头一棒，吃了闷棍之后的李弘冀也从梦中惊醒。他又开始怀疑，他自己的确过得不安全呀！父亲不宠他，太子之位还要时刻提防着被人摘去。心里越想越是疙瘩。李弘冀焦躁难耐，在喝了一壶酒后终于下定决心要除去李景遂这眼中钉，肉中刺。

李弘冀开始筹划谋杀，他很快就安排好线人，寻好帮凶。他知道昭庆宫使袁从范与李景遂有仇隙，又利用袁从范在李景遂身边任职的便利，有预谋地策划了一起球场上的“鸿门宴”。

李景遂热衷球戏，一有空闲，他就会打上一场。一天傍晚，打完球后口渴难耐的李景遂像往常一样，随手接过了袁从范递来的一杯茶，然后一饮而尽。

当这位颇具绅士风度的皇太弟喝了这杯茶后，还没来得及道完谢便腹痛如刀绞。他终于发现自己被眼前的小人下了毒，可自己再也说不出……李景遂在被人抬回家后，很快暴死。人死了，毒药的效力仍然在延续。还未来得及举殡，尸体便已经开始腐烂了。

这样异样可怖的情形在洪州当地老百姓中引起惊恐，然而身在金陵的李景通却只为他可怜的弟弟黯然神伤。他很快下令为弟弟举行隆重繁复的葬礼，并追谥其为"文成皇太弟"。

叔父的暴死，之于李弘翼究竟是一个结束，还是一个开始？叔父七窍流血的惨状时时浮现在眼前，那双带血的眸子狰狞着逼向睡梦中的李弘翼。他瞪大眼睛，震天一吼："不！"

杀人者一旦杀人，他就要时刻提防着被杀。正是处于这样的怪圈之中，李弘翼正一步步地搜寻——那双在黑暗中欲要将他吞灭的眼睛。

二　豆萁相煎

重瞳乃"项羽再世"

李唐皇家"旺财不旺丁"，儿女夭折率极高。待到李从嘉长大成人时，他已经成了事实上的次子了。

伯仲叔季，李从嘉居于老二。对于皇太子李弘翼来说，这也可能是一个潜在的危险。

如果他只是次子，那只要李弘翼自己在，一切也都好说。这个生性懦弱、手无缚鸡之力的弟弟也不敢真的怎么样，可李弘翼在乎的却是李从嘉那双眼睛。

偏偏李从嘉长的是"重瞳"，一个眼眶里有两个瞳仁！

这个长相在史书上一向被人津津乐道，亘古相传。舜帝姚重华就是个"重瞳子"，晋文公重耳和西楚霸王项羽听说也有这一异相。

《史记》中载："（舜帝出生时）妻曰握登，见大虹意感而生舜于姚墟，故姓姚。目重瞳子，故曰重华，字都君。龙颜，大口，黑色，身长六尺一寸。"

这说的是舜帝出生便有异象，而舜帝取名也是用了重瞳之故。李弘翼想起从嘉，从嘉字"重光"。重光之名，难道也是因为重瞳的缘故？

李弘翼虽是知晓"二帝三皇"之德，可还是更详细地了解了舜帝的功业，看了之后更是不安。

"舜年二十以孝闻，年三十尧举之，年五十摄行天子事，年五十八尧崩，年六十一代尧践帝位。践帝位三十九年，南巡狩，崩于苍梧之野。葬于江南九疑，是为零陵。舜之践帝位，载天子旗，往朝父瞽叟，夔夔唯谨，如子道。"

李弘翼看到舜帝留下的功业后，一想到舜帝在皇位上坐了三十九年。脑海就映出李从嘉着皇袍立于大殿之上，对着他呼喊平身的场面。

"不！"他脑子抽疼，他不信！

不是还有楚霸王吗？他不是死得悲惨，落了个"乌江自刎"的下场吗？

李弘翼于是开始探究起项羽来，试图将重瞳秘密探出。

秦始皇帝游会稽，渡浙江，（项）梁与籍（即项羽）俱观。籍曰："彼可取而代也。"梁掩其口，曰："毋妄言，族矣！"

李弘翼看着项羽说"彼可取而代也"，不由得李从嘉的重瞳在眼前闪现。

再看到《项羽本纪》的最后一段，李弘翼更是气煞：

"太史公曰：吾闻之周生曰'舜目盖重瞳子'，又闻项羽亦重瞳子，羽岂其苗裔邪？"

司马迁说项羽是重瞳子，可能是舜帝的后裔，那难道李从嘉是舜帝或项羽的苗裔？李弘翼大怒，明明就是不一样的，司马迁谬论！李弘翼对自己吼，弟弟虽文质彬彬，可一点也不精明，哪里有舜帝之德？更深的说，他这个弟弟，性格懦弱，哪里敢如项羽这般胆大呼喊"彼可取而代也"？

"绝不可能！"李弘翼这样想，可他想起叔父在自己眼前呼吸困难惊慌恐惧的眼睛，心里又起了心思，"我也不会给他这个机会！"

退避三尺求身全

李弘翼开始试探自己的弟弟。

这个弟弟真的聪明，写得一手好字。并且会念词唱曲，颇得老爹李景通的欢心。

李弘翼毒死李景遂时，李从嘉时年已过二十。见到叔父死时肉糜身烂、肠穿皮溃的可怕景象，居然大病一场。

李弘翼对于李从嘉的大病也起了疑心："怕是掩人耳目吧！"

他百般试探，从李从嘉食用的药味入手。确认的确是压惊治病调理的药后，他亲眼看着从嘉把药喝下去才安心些。

从嘉在病中惶恐终日，想到的也是当时叔父的可怖之状。大哥长得本就是粗犷，在其面前一晃荡，从嘉觉得他就是索命的阎王。

病中虚弱无力，生活如履薄冰。从嘉本还天真烂漫，此刻却是战战兢兢，他借着诗酒抒写自己的愁绪。

李从嘉的《病起题山舍壁》诗，最能反映他在这一时期的心情：

> 山舍初成病乍轻，杖藜巾褐称闲情。
>
> 炉开小火深回暖，沟引新流几曲声。
>
> 暂约彭涓安朽质，终期宗远问无生。
>
> 谁能役役尘中累，贪合鱼龙构强名。

有人认为诗中津津乐道地叙述了李从嘉杖藜巾褐、蛰居山舍、不求闻达和超然名缰利锁羁绊的闲情乐趣，以及对古代仙人彭祖、涓子和高僧宗炳及慧远的羡慕。

仔细推究，其实这首诗是李从嘉对现实苦闷的一种寄托和哭诉。前几句的确写得舒卷云淡风轻，但后四句笔锋一转，读着也哀婉了。

"暂约彭涓安朽质，终期宗远问无生。"如果真是对隐居生活向往，表现怡然自得的情怀，那么他怎么会问"无生"呢？仙人彭祖、涓子、高僧宗炳及慧远的确都是长寿之人。对于真隐士，他想的更多的是行乐纵情，而绝不是谈论生死，哀叹人生。

李从嘉所言只是对现实恐惧的逃避，"谁能役役尘中累，贪合鱼龙构强名"。这句则是点明自己不愿为功名所累，妄图超脱现实却苦苦不得的愁苦。

而他更为悲观绝望的是在另一首七律《病中书事》所述：

> 病身坚固道情深，宴坐清香思自任。
> 月照静居惟捣药，门扃幽院只来禽。
> 庸医懒听词何取，小婢将行力未禁。
> 赖问空门知气味，不然烦恼万途侵。

022

这首词直指当时李从嘉害病不轻，愁苦郁郁，难以自己。"月照静居惟捣药，门扃幽院只来禽。"居住之所只听得捣药声，门前只有家禽相伴。这种寂寞哀愁不是寻常人所能理解的，李从嘉当时的人生都是灰暗的。

"庸医懒听词何取，小婢将行力未禁。赖问空门知气味，不然烦恼万途侵。"从嘉孤苦寂寞，写词无人能懂，这种不被理解的苦痛更是难以言说。纠缠着询问太医和小婢搭讪，又只能谈论关于苦药的事。此间滋味，比喝下苦药更难受，从嘉的心更加愁苦了。

李弘翼看到弟弟所写的词，心安了些，可还是不肯对李从嘉彻底放心。

"从嘉，你身子好些了，同哥哥一道打猎去！"李弘翼见从嘉气色稍微有些改善，便拉李从嘉去打猎，想要试试这兄弟的身手。

"大哥真是开玩笑，我这身子骨，哪里经受得起打猎的，不行！"从嘉想起李景遂死在球场上，心里忽然很是害怕自己一不小心也死在围场之上。那可真太不值得，也太危险了。

"二弟何必退却，有大哥在呢！"李弘翼不轻饶李从嘉，"跟大哥一起去！"

李从嘉不得不从，结果这次狩猎终于让李弘翼放了心。李从嘉狩猎，莫说打猎了，就连弓都拉不好，更别提骑射了。

李弘翼非常满意这次试探，渐渐地对李从嘉宽了心。李从嘉在这样的环境下，虽然不敢再过问政事，倒也渐渐地放宽了心。

分析这段时间，依旧能感受到李从嘉性格的巨大转变和人生观的改变。很多建功立业的帝王都是在猜忌和排挤中迅速成长的，最典型的是唐太宗李世民。屡屡受到太子李建成猜忌，最后反戈一击，玄武门兵变后成为一代伟大明君。有不少流芳千古的帝王也是在隐忍和韬晦之中渐渐崭露头角并有一番大作为的，最典型的是汉武帝。汉武帝当政后处处受着窦太皇太后的干扰，终于在太皇太后死后开始大展手脚，并且成为雄才大略的君主。

李从嘉却没有在这样的环境中汲取精华，奋发向上；反而失了锐气，变得安于现状。

从这点出发，李从嘉性格的形成应该和当时的社会环境息息相关。当时佛教盛行，佛教主张隐忍和超脱。李从嘉这个时候渐渐接受了这种思想，由被动上的漠视政治转为主动漠视政治。

另一个原因可以从生活角度出发解释，习惯成自然。隐忍韬晦毕竟是件痛苦的事情。要像越王勾践那样做一个苦心人，卧薪尝胆二十年，然后再消灭吴国，一雪前耻也是需要定力和耐力的。从嘉在忍耐中，开始适应自己所处的生活，久而久之也习惯了。作为将要成为帝王的人，其政治上的敏感性和嗅觉也在一点点地丧失。

从这一点上看，李弘翼对李从嘉的猜忌和打压对巩固自己的太子之位十分有利。但这种威慑对李从嘉，以至于整个南唐，在某种程度上可以说是一场灾难！

它摧毁了一个人的意志品质，也摧毁了一个人执掌天下的雄心。如若这人日后成为执掌江山者，这江山好似落入柔弱的兔子之手，很快会变得岌岌可危。

李从嘉便在这样的环境里，开始乐享其成，开始舒畅地过起自己的"隐士生活"！

第三章　风华正当时

　　萧墙之祸逼得李从嘉另寻精神家园，他开始整日与诗词字画为伍。从最初惧怕这样的生活到慢慢适应这样的生活，到最后耽于这样的生活。李从嘉在这方面好学上进，孜孜不倦。如大鹏展翅遨游在书法、绘画、音乐和诗词的广阔天地间，深陷其中，流连忘返。最重要的是，此时他不再是孤单的一个人。生命中有最重要的人相伴，他灰暗的人生开始有了光芒。从此这只遨游天地间的大鹏，有了鸾凤相伴，飞得更加自在高远！

一　名士潇洒

词画音律皆上品

　　"思追巢许之余尘，远慕夷齐之高义"，李从嘉将这句话作为自己隐士生活的标杆。要像巢父许由那样远离尘世，要学伯夷叔齐那样高山流水。他自号钟隐，别号钟山隐士、钟峰隐居、莲峰居士、钟峰隐者和钟峰白莲居士等。他以隐士自居自号，与钟山为居，莲花为嬉。

最初的生活依旧不顺利的，这样的心迹在《秋莺》一诗中表现得尤其明显。他借写秋莺独游，抒发自己对归隐的担忧、犹豫和迷茫：

残莺何事不知秋，横过幽林尚独游。

嫩绿百层倾耳听，深黄一点入烟流。

栖迟背世同悲鲁，浏亮如笙碎在缑。

莫更留连好归去，露华凄冷蓼花愁。

他流连山水，爱美景爱江山如画。他在为卫贤《春江钓叟图》题字时，心也飘忽了，那不正是其憧憬的生活吗？驾一叶扁舟，山水如画，人在画中游。披蓑笠，持钓竿。在烟雨蒙蒙中，天地为家，不需归去。

浪花有意千重雪，桃李无言一队春。

一壶酒，一竿身，世上如侬有几人。

一棹春风一叶舟，一纶茧缕一轻钩。

花满渚，酒满瓯，万顷波中得自由。

"浪花有意千重雪，桃李无言一队春。"这是怎样的美丽，李从嘉的词就数这句最俏皮了。浪花卷起千堆雪，桃李本是无意，却迎来"一队春"。这个"队"字，写的就跟"春风又绿江南岸"中的"绿"字，以及"红杏枝头春意闹"中的"闹"字一样讨喜，真是用得巧！

"一壶酒，一竿身，世上如侬有几人。"无拘无束，天性散漫。世间逍遥如李从嘉者，当真不多。

"一棹春风一叶舟，一纶茧缕一轻钩。"杜诗中有"丹霞一缕轻"，李从嘉言"茧缕一轻钩"，别具匠心。农夫言春日"一犁春雨"，舟子言"一篙春水"，至于渔父则言"一蓑春水"了！李从嘉真把自己当做渔父了，尽情享受春日之妙！

除却泛舟做一蓑笠翁，他还将钟山之上自己所居描述了一番。在外人看来，还是颇为羡慕的：

> 心事数茎白发，生涯一片青山。
> 空林有雪相待，野路无人自还。

山色青青，落雪无痕，独留一人脚印。这样的景色，真有"万径人踪灭"的味道，他当真超然脱尘了。

李从嘉好词，也写得一手好字。他于书法，也是颇为精通。不仅学得精，看得也精。二者相得益彰，炉火纯青！

他初学柳体，深入后学习唐虞世南、欧阳询、褚遂良和薛稷等大家，之后流连于魏晋书法大家钟繇、卫铄与王羲之。他书法的归宿最后定格了一代女书法家，即王羲之授业恩师卫铄身上。他认为卫铄最得书道真谛，为此他还把卫铄画像挂在书房，每天瞻仰膜拜。

李从嘉偏爱卫铄，认为其得书法真谛，也是有理有据的，且听他在其《书评》里如何评说各代名家：

"善书法者，各得右军之一体。若虞世南得其美韵，而失其俊迈；欧阳询得其力，而失其温秀；褚遂良得其意，而失其变化；薛稷得其清，而失于拘窘；颜真卿得其筋，而失于粗鲁；柳公权得其骨，而失于生犷；徐浩得其肉，而失于俗；李邕得其气，而失于体格；张旭得其法，而失于狂；献之俱得之，而失于惊急，无蕴藉态度。"

对于这一段评述，今人是如此肯定的。即尽管从嘉对有唐一代诸多书法大家的批评略嫌偏颇，但却令人信服地说明诸家当时均师承"书圣"王羲之，且各有取舍地继承了王氏书法艺术的某一方面。并在此基础上有所发展，有所前进。这种溯源分流且切中肯綮的评析，表明从嘉对书法一道的功力深厚，是一位不乏真知灼见的书法评论家。

卫铄的书法风格"如舞女登台，仙娥弄影，江莲映水，碧波浮霞"，的确堪被世人称道。

从嘉对书法有独到见解，他博采众长，又能标新立异，自创成一体的"金错刀"书法。"金错刀"书法有"作颤笔曲之状，遒劲如寒松霜竹"和"落笔瘦硬而风神溢出"的评价。李从嘉运用自如，出神入化，"大字如截竹木，小字如聚针钉"。他曾大发书兴，竟卷起长衫下摆濡墨挥写。写出的字也独具美态，世称"撮襟书"。"金错刀"和"撮襟书"因为风格奇特，又别具美感，大胆夸张，所以一时名声大噪。

从嘉平生喜做行书，落笔瘦硬，风骨嶙峋，后人将其书法喻为"倔强丈夫"。他的书法手迹，曾在世间盛传一时。可惜后因南唐灭亡等诸多原因，他的墨宝竟没有流传下来，其书法成就也很快为世人掩盖。

这不能不令人惋惜，关于他的书法，历史洪涛中所闪过的也只有这样寥寥几抹暗影。宋徽宗赵佶曾诏令编纂《宣和书谱》，内府还收藏从嘉的行书墨帖二十四种。南宋乾道六年（公元1170年），陆游出任夔州通判。途经金陵，去清凉山广慧寺凭吊，在德庆堂遗址附近也见到从嘉以"撮襟书"书写的堂榜刻石。

从嘉不仅是一位书法家，而且还是一位书法理论家，他曾续卫铄的《笔阵图》。与他的其他书法画作品一样，其《续〈笔阵图〉》今已失传。我们可以推测的是，《续〈笔阵图〉》当与《笔阵图》内容相近，应当是以军旅生活来比喻文房四宝在书法中各自发挥的作用和阐释书法技艺要诀的。

令我们还有丝欣慰的是，他有两篇专论书法的文章传世，一篇是《书述》；另一篇是《书评》（即上文点评唐后名家）。读者一定想看看李从嘉究竟是如何评述的，现将全文引录于下，并简要介绍，留给读者评判：

"壮岁，书亦壮。犹嫖姚十八从军，初拥千骑。凭陵沙漠，而目无全虏。又如夏云奇峰，畏日烈景。纵横炎炎，不可向迩，其任势也如此。老来，书亦老。如诸葛亮董戎，朱睿接敌。举板舆自随，以白羽麾军。不见风骨而毫素相适,笔无全锋。噫!壮老不同,功用则异。惟所能者,可与言之。

书有八字法,谓之'拨镫'。自卫夫人并钟与王,传授于欧、颜、褚、陆等。流于此日,然世人罕知其道者。孤以幸会,得受诲于先生。奇哉!是书也非天赋其性,口授要诀,然后研功覃思,则不穷其奥妙,安得不秘而宝之。所谓法者,撅、压、钩、揭、抵、拒、导、送也。此字亦有颜公真卿墨迹,尚存于世。

余恐将来学者无所闻焉,故聊记之。"

他以人从壮年到老年的气质变化来论述书法,壮年时锋芒毕露就如西汉霍去病。扫荡匈奴,追亡逐北,封冠军侯!及至老年,则像三国诸葛亮。羽扇纶巾,谈笑之间,歼敌无形。此中奥妙,只可意会不可言传。此外,李从嘉还详细论说了书法的八字法,即"拨镫"之法。

善书者,多半亦善画。李从嘉书和词相当,而画又和书相当。他做画题材很广,可谓大境界!他喜画墨竹,所画之竹从根到梢,亭亭净直。不蔓不枝,苍劲有力,风骨独具。都穆的《题后主墨竹》中写道:"老干霜皮,烟梢露叶。而披离偃仰若古木然,谛玩久之,始知其为竹也。世之评画者谓后主墨竹清爽不凡,殆得之矣。"

后人品评他的画法时,也像品述其书法"金错刀"一样,冠以"铁钩锁"的美名。他的画风格迥异,有的庄重严肃,有的活泼俏皮,有的怪诞难测,有的中规中矩。据《宣和画谱》载,直到北宋末年,宫中还藏有九幅,即《自在观音相》、《云龙风虎图》、《柘竹双禽图》、《柘枝寒禽图》、《秋枝披霜图》、《写生鹌鹑图》、《竹禽图》、《棘雀图》和《色竹图》。

当然这些可称为瑰宝的作品,也如他的书法一样,在历史长河中消散,不留一缕茗烟。

广罗丹青墨宝

李从嘉对于艺术的态度可以说是精益求精,一丝不苟。在工书法擅书画后，李从嘉开始捣鼓起笔墨纸砚了。他是南唐的皇子，可以说具备这样的财力资历来寻天下最好之墨宝，他也的确这样做了。

南唐特产李廷墨、澄心堂纸和龙尾砚，有"天下之冠"的美名，李从嘉身边又收罗一大帮的词人墨客。从这点看李从嘉追求丹青墨宝，可以说是得天独厚，天时地利人和皆全也！

说到笔墨纸砚，咱就从李从嘉所用笔开始，悉数点评。南唐宣州是出产好笔的地方，也有不少名匠，最著名的当数诸葛高。据说这种笔的笔头是用鼠须制成的，有"鼠须笔"之称。鼠须笔有尖、齐、圆和健四大特点，所谓的"尖"即笔锋尖锐，不易开叉；至于"齐"，则是保证笔锋整齐，不脱毫；至于"圆"，挥毫时才能随心所欲；至于"健"，只有健，才能一气呵成，无所顾忌。

且先不说这鼠须笔有多好，我们先看看从嘉的亲人怎么说。从嘉的妻子娥皇生前专用诸葛笔，特命名为"点青螺"；从嘉弟从谦亦用诸葛笔，每枝酬价十金。甲于当时，号为"翘轩宝帚"。

啧啧，才女娥皇和乖弟弟从谦鉴定过的，这品质没话说了吧？

当然，我们还要看看后人的评价，看看从嘉是如何因为这"鼠须笔"惹后世的大文豪们艳羡的。

苏轼在《东坡题跋》中炫耀，他撰《宝月塔铭》用的就是"一代之选"的鼠须笔——看，大文豪苏轼都拿出来晒了。他用的东西可是有保证的，"不可使居无竹"，这人是追求高品质生活的！

北宋梅尧臣是宣城人，他将家乡这种名笔馈赠文友欧阳修。欧阳修得笔后与京城笔工制造的毛笔比较，挥毫写下了题为《圣俞惠宣州笔戏书》评议高下：

> 圣俞宣城人，能使紫毫笔。
> 宣人诸葛高，世业守不失。
> 紧心缚长毫，三副颇精密。

硬软适人手，百管不差一。

京师诸笔工，牌榜自称述。

累累相国东，比若衣缝虱。

或柔多虚尖，或硬不可屈。

但能装管榻，有表曾无实。

价高乃费钱，用不过数日。

岂如宣城笔，耐久仍可乞。

号"六一居士"的欧阳修都亲自写诗来赞扬这鼠须笔了，可以看出，这笔可是大宝贝！我们的李从嘉追求的就是这样的笔，用的也是这样的笔！

真可谓，大手笔呀！

说完笔，接着道"墨"。

南唐的李廷墨有"落纸如漆，万载存真"之称，这种书画墨经久不衰，难以褪色。

这种墨的由来还是有深远历史的，从嘉选此墨，也可以说是溯古之风的意思。李廷墨，因其研制人为墨工李廷而得名。李廷本居北方制墨，后因安史之乱随父南下。其父利用黄山一带所长美松烧烟制墨，广受欢迎。

他们唤此墨为"新安香墨"，这种墨辅以麝香、冰片、犀角、珍珠、樟脑、藤黄和巴豆等十几味防腐防蛀和除臭散香的药物。又在和胶时添加生漆，制成形制各异的墨锭。据载这种墨锭形态各异，多描绘或镌刻诸如双龙戏珠和鱼跃龙门等精美图案。很快风靡一时，成为皇家贡品和文人墨客所求的珍品。

李廷所创制的"新安香墨"更是此间上品，时人称"坚如玉，纹如犀"，被誉为"天下第一品"。

李廷墨的传说，远比鼠须笔更神！李廷墨要长身价，也是需要宣传的。就如茅台酒一样，香飘出来后才知道它的妙处！传说有一书生不巧将一块李廷墨掉落荷池中，香墨入水，定会散开的，便也作罢。不日，他家金器落水，唤人捞取。之前落入池中的墨锭也被捞出。而且还像新墨那样坚实细腻，清香扑鼻，品质不损。

这个消息在此书生宣扬下，李廷墨身价暴涨。

李从嘉对李廷及李廷墨颇为赞赏，之后便有"黄金易得，李墨难获"之说。

北宋文学家晁叔用，也曾写诗大赞李廷墨，即《书廷墨》。他在诗中将李廷墨家世悉数了一遍，最后还有一句赞叹，此乃王侯旧物，该拿来写天下最好的文章呀！

> 君不见江南墨官有诸奚，老超尚不如廷。
> 后来承晏颇秀出，喧然父子名相齐。
> 百年相传纹破碎，仿佛尚见蛟龙背。
> 电光烛天星斗昏，雨痕倒海风雷晦。
> 却忆当年清暑殿，黄门侍立才人见。
> 银钩洒落桃花笺，牙床磨拭红丝砚。
> 同时书画三万轴，二徐小篆徐熙竹。
> 御题四绝海内传，秘府毫芒惜如玉。
> 君不见建隆天子开国初，曹公受诏行扫除。
> 王侯旧物人今得，更写西天贝叶书。

我们再说说南唐"天下之冠"之一的澄心堂纸，在澄心堂纸出现前，当时文人官仕多用后蜀盛产的"薛涛笺"。"薛涛笺"由唐末女诗人薛涛创制得名，可分"浣花笺"和"松花笺"。"浣花笺"颜色素雅，而"松花笺"色彩斑斓，李商隐有诗赞"浣花溪纸桃花色，好好题诗挂玉钩"。

说到澄心堂纸的流传和推广，李从嘉功不可没。正是在他的治理和督令下，歙州辖境内的黟县借鉴蜀地的经验，革新宣纸制作工艺研制出"滑如春冰密如茧"的名纸，这种纸即大名鼎鼎的澄心堂纸！李从嘉钦定该纸为宫廷书画用纸，并经由他命名，将这种纸定名为"澄心堂纸"！

诗人梅尧臣对澄心堂纸珍惜如命，澄心堂纸盛时为其歌，衰时为其哀。李从嘉为澄心堂纸命名时，他写诗曰："江南老人有在者，为予尝说江南时。李主用以藏秘府，外人取次不得窥。"

当李从嘉投降，南唐灭亡。澄心堂纸遭此不平时，他又哀叹："城破犹存数千幅，致入本朝谁谓奇。漫堆闲屋任尘土，七十年来人不知。"

正是由于梅尧臣这样执著坚韧的文人存在，才使得澄心堂纸没有随着南唐命运跌宕而破灭。当时欧阳修也赋诗夸张澄心堂纸："君不见曼卿子美真奇才，久矣零落埋黄埃。君家虽有澄心纸，有敢下笔谁知哉！"苏轼诗云："诗老囊空一不留，一番曾作百金收。"

因为有名家大儒的追捧推崇，所以澄心堂纸得以流传，经久不衰。对于从嘉来说，这也是令其欣慰的。

南唐还有一宝，叫"龙尾石砚"，或泛称"歙砚"。苏轼大文豪写了不少赞美龙尾砚的诗篇：

> 黄琮白琥天不惜，顾恐贪夫死怀璧。
>
> 君看龙尾岂石材，玉德金声寓于石。
>
> 与天作石来几时，与人作砚初不辞。
>
> 诗成鲍谢石何与，笔落钟王砚不知。

苏轼晚年，曾将一方跟随他多年的龙尾砚赠与"小东坡"。并写歌《龙尾石砚寄犹子远》，再次表达他对龙尾砚由衷的喜爱：

皎皎穿云月，青青出水荷。

文章工点黝，忠义老研磨。

伟节何须怒，宽饶要少和。

吾衰此无用，寄与小东坡。

歙砚细韧温润，光华可触。抚之如柔肤，扣之似金声，被喻为墨中"和氏璧"。

李从嘉对于龙尾石砚的喜欢可以说到了痴狂的地步！他封李少微为砚务官，令其选龙尾石砚，制佳品供他把玩赏阅。当时为了挖掘问题，歙砚砚石深藏溪底，开采困难。从嘉便下诏将溪水截流改道，方便采掘，以保证砚石供应。

关于他和砚山的传说，更是将从嘉对于龙尾石砚的痴迷神化。在今天看来，还是很震惊的。

砚台砚台，即使再有钱有势的人也使用砚台，改不了本质。而李从嘉，他用的是砚山！

他不知以何种途径何种方式，得到了一座世间独有、也是历史罕见的宝石砚山。这座砚山，径长不过咫尺。正侧错落着手指大小的三十六座奇峰，两侧丘陵起伏。中间则是高原舒缓，凿成小池。旁有光晕闪烁，漂浮不定，宛如龙灯起舞。与其说这是一方砚台，还不如说这是一方砚山。依山傍水，斗转星移。李从嘉对着这新凿的砚山久久不语，待回神了才知道这以后便是他的砚山。他为每一山峰取一个温暖而好听又不失典雅俊秀的名字，如华盖峰、月岩、翠峦、方坛、玉笋、上洞、下洞和龙池等多处胜境。

关于这砚山，即从嘉心中大宝贝命运的流转说来也颇有意思，从几首诗中就可窥知大致。

南唐亡国之后，这座无价之宝的砚山散失到江南民间。转手多人，数易其主，先为北宋名画家宝晋斋主人米芾所得。不久，砚山被朝廷索入禁中，藏于万岁洞之砚阁。米芾失去砚山，异常惋惜。朝夕怀石，笔想成图并赋诗云：

砚山不复见，哦诗徒叹息。
惟有玉蟾蜍，向余频泪滴。

北宋亡后，砚山相继为戴觉民及族人所得。南宋宰相贾似道图谋强取豪夺，未能如愿。屡经战乱，至元代，砚山仍为戴氏后人所藏。直到清代，还能找到砚山流传的痕迹。诗人王士祯在朱彝尊府内曾见砚山，想起昔日米芾的咏叹诗，不由叹息：

南唐宝石劫灰余，能与幽人伴著书。
青峭数峰无恙在，不须泪滴玉蟾蜍。

对砚情有独钟的从嘉，心血来潮诗兴大发之时，也做诗歌咏过他心爱的砚台。

从嘉案侧有一只铜铸鎏金的蟾蜍形砚滴，他极其喜欢。他望着那金光灿灿的铜蟾蜍，鼓鼓的身子和光滑的触感令其心神激荡。他玩心大起，拿起刻刀便在蟾蜍的四足和腹部，用篆书刻上一首《砚滴铭》：

舍月窟，伏几。
为我用，贮清。
端溪石，澄心纸；
陈元氏，毛锥子。
同列无听驱使，
微吾润泽乌用汝？

他把他的砚台当做臣子一样，用自己的才华照耀平庸的蟾蜍砚台，这是怎样的傲气呀！

从嘉恃才，也的确傲物！在纵情享受无尽的翰墨珍奇和书卷名册给他带来的骄傲满足之时，从嘉是否想过这一切来源于何，是否会恒久？

文人墨客，君子莫逆

"奇文共欣赏，疑义相与析。"隐士的生活总不免有君子相伴，所谓君子之交淡如水，李从嘉身边也的确围了这样一群言辞恳切极具才华的君子！

在南唐异彩纷呈的诗坛上，活跃着诗人徐铉、徐锴、郑文宝、刘洞、孟宾于和江为等；在群英荟萃的画廊中，则有董源、徐熙、董羽、巨然江南、顾闳中、卫贤、顾德谦、解处中、竹梦松、曹仲元、周文矩、陶守立及王齐翰。这些人有的自幼聪慧，有的靠勤奋不倦；有的身世显赫，有的本是草根；有的年纪渐长，有的还是少年。

徐铉早慧，十岁能文；其弟徐锴，与他齐名，时人合称徐氏兄弟为"二徐"。"愿君不忘分飞处，长保翩翩洁白姿"，"更残月落知孤坐，遥望船窗一点星"，以及"知君多少思乡憾，并在山城一笛中"都是当时为人称道的名句。

刘洞长于五律，写诗严谨考究，故号"五言金城"。他性情耿直，多次劝诚李从嘉。他见从嘉，不避讳言："石城古岸头，一望思悠悠。几许六朝事，不禁江水流。"此诗借六朝旧事暗讽南唐国势，从嘉读后掩卷，黯然沉思。刘洞亦不受李从嘉赏识，北宋兵临城下，刘洞身困于金陵。忆起这段往事，不禁感慨，还不免责问李煜："千里长江皆渡马，十年养士得何人？"

孟宾于家境苦寒，幼时就知道写"众星不如孤月明，牛羊满山独畏虎"的诗句，劝慰发出"他家养儿三四五，我家养儿独且苦"哀叹的父亲；江为则有"竹影横斜水清浅，桂香浮动月黄昏"的佳句，后被北宋林逋化写为"疏影横斜水清浅，暗香浮动月黄昏"，成为咏梅的千古绝唱。

其中最该细数的还当是李从嘉和大儒冯延巳的师徒情谊。

冯延巳，又名"延嗣"，字"正中"。他是五代十国时期词坛大家，代表作有《阳春集》。其词意蕴深厚，缠绵婉约。辞清句丽，以白描见长。他长从嘉之父李景通十四岁，两人是无话不谈的挚交好友。李景通为太子时，冯延巳便朝夕伴读于左右。

二人切磋，当时李景通有一句"'风乍起，吹皱一池春水'，干卿何事？"，二人文采斐然互相品足，更是为南唐国人津津乐道。

冯延巳长从嘉三十四岁，当从嘉老师时，年事已高的他在诗词上已到达巅峰，到了修炼成精的地步；在人情世故上，他也已到"超然外物，超脱尘世"的境界。

从嘉词作受冯延巳影响到底如何，我们可对比他们所写的词，以深入剖析所用技巧及当时的心境。在这里笔者举个王安石和黄庭坚论词的例子说明。

北宋两位大名鼎鼎的文豪王安石与黄庭坚有一次论李煜词时，王安石问："李后主词何句最佳？"黄庭坚答："问君能有几多愁，恰似一江春水向东流。"王安石不赞同，摇头道："不若'细雨湿流光'！"

二位文豪对话到这里，不得不指出的是王安石张冠李戴了！"细雨湿流光"，出自冯延巳《南乡子》的首句。

我们再细细赏析全词：

细雨湿流光，芳草年年与恨长。烟锁凤楼无限事，茫茫。鸾镜鸳衾两断肠。　魂梦任悠扬，睡起杨花满绣床。薄幸不来门半掩，斜阳。负你残春泪几行。

"细雨湿流光"说的是毛毛细雨淋湿了流泻的时光，言的是愁。这是一种绵绵不断的哀愁，恰若李从嘉的"一江春水向东流"。"烟锁凤楼无限事，茫茫"则让笔者想到李从嘉的"无言独上西楼，月如钩，寂寞梧桐深院锁清秋"。不得不说，二者存在异曲同工之妙。区别在于冯延巳的愁含蓄些；而李从嘉的词阔朗些，愁思也更深了些。

还有一位老先生在李从嘉的文艺生活中添上了闪亮一笔。

这个人和一幅南唐名画有莫大的联系，那便是在中国绘画史上占有重要地位的一部里程碑式的作品——《韩熙载夜宴图》！

韩熙载是南唐的三朝元老，文采海量。满腹经纶，官运亨通。李从嘉也欣赏韩熙载的才气，登上皇位后也曾一度想用他为相。但因朝中其他大臣反对，只能作罢。当时有传闻韩熙载不愿出任宰相，蓄意自污。不拘礼法，后受其他大臣微词诟骂。

李从嘉想起汉初萧何为防刘邦猜忌，故作癫状，埋没自己品行，怕是这韩熙载也是如此？为了试探韩熙载的品行，他诏擅长人物写生的翰林待诏顾闳中，以宾客身份造访韩府。描绘夜宴情景，做成画卷进献。

正如郑元佑在题画诗《顾闳中〈韩熙载夜宴图〉》中所述：

熙载真名士，风流追谢安。

每留宾客饮，歌舞杂相欢。

却有丹青士，灯前密细看。

谁知筵上景，明日到金銮。

顾闳中夜探韩府后，向李从嘉呈献同题画《韩熙载夜宴图》一幅。流传下来的顾闳中所画的《韩熙载夜宴图》，成为我国书画史上不可多得的精品，是中国十大传世名画之一！

《韩熙载夜宴图》以连环长卷的形式真实地描绘了韩熙载夜宴宏

开，纵情声色的场面。

开卷首段是"听琵琶"，韩熙载头戴轻纱高帽，依在床上。他身侧的一人是状元郎粲，还有博士陈致雍和紫薇郎朱铣。其对面是演奏琵琶的美人，高髻簪花，长裙彩帔，怀抱琵琶。画中还有琵琶女哥哥李佳明，擅长六幺舞的韩熙载宠姬王屋山；另外是其得意门生舒雅，其他女子则是擅长歌舞的艺伎。画面中的人物或坐或站，都聚精会神地聆听琵琶弹奏。

接下一段是"集体观舞"，韩熙载亲自挝鼓伴奏。王屋山表演六幺舞，侍姬和宾客在旁或抚掌击节，或专心观赏。

再下一段是"夜宴小憩"，曲终舞止。韩熙载回复到床上休息，四个侍姬陪他同坐。舞伎王屋山，侍候韩熙载盥洗；另有两个侍姬负责收拾和端送酒菜。

又下一段是"独自赏乐"，此时的韩熙载放荡脱鞋依靠椅上，手摇纨扇。五个女乐坐于绣墩上，悉心吹奏箫笛。屏风后，有人窃窃喁语。

最后一段是"依依惜别"，韩熙载张望远处，留下的三个侍姬正恣意地同宾客调情。或握手勾指，或挽背私语。长卷至此结束。

李煜览罢《韩熙载夜宴图》，对题词中的"熙载真名士，风流追谢安。谁知筵上景，明日到金銮"尤为赞同。他对韩熙载所作所为再无疑问，口里直喊："老匹夫，果然老了！"

独具慧眼如李从嘉者，很快发现这幅画的精妙和巧夺天工之处。他马上命人将画送往后宫交女才人黄保仪悉心珍藏，并赐重金赏顾闳中。

当望着韩熙载放纵，纵情声色犬马的时候，李从嘉却不曾注意到他所称道的隐士生活，其实也是一种放纵？

江山如画，看似淡漠。向往钟山生活，愿为钟山隐士，做一蓑笠渔父。李从嘉在憧憬自由的同时，却未曾想到他的自由悬于富贵权势之上。纵使词作再华美，才华再满腹，他的笔墨纸砚，他的美酒金樽，始终需要权力的血液给养照承。

心灵是需要栖息之地的，李从嘉流连山水，寄情书画，可在现实中他始终未找到真实的栖息之地。此时，命运之神眷顾他。一位相伴他的佳人渐渐走近，一段影响他一生的情恋开始萌生……

二 美眷贤妻

娶亲娥皇

南唐保大十二年，从嘉十八岁，也到了男大当婚的年岁。自古婚姻都是"父母之命，媒妁之言"，何况从嘉是当朝的皇子。其身份显赫，父亲李璟为他挑选媳妇自然也是从高从严选取。

千挑万选，最后钦定南唐开国老臣周宗的长女，十九岁的娥皇。

从嘉少年风流，落拓潇洒。对于这门亲事，没有期待是不可能的。周宗素来贤明，其女儿蕙心兰质在南国也是有耳闻的。但说期待很高，那也未必。毕竟是道听途说人云亦云，也许就是子虚乌有之事。

百闻不如一见，从嘉忐忑不安。也许要等着揭开新娘红盖头后，这颗心才会停住突突直跳吧！

当红盖头飘然落地的那一霎，从嘉心已经不住狂跳了！

伊人初露，粉面含羞，美目流转。下巴恰如其分地微扬，宛若水莲不胜三月凉风。红衣喜袍映着整个人明艳生动，那双眸子也流转着熠熠光彩。

从嘉心底的古井泛起了波纹，他怎么也没想到今日的娥皇会带给他如此惊艳。他嘴角噙着笑意，温柔地轻抚她的发髻，宛如梦中。

星眸流转，从嘉见到美人低徊的眼波中，藏着他的清俊身影。

红烛香暖鸳鸯帐，此间风流谁与说。从嘉轻解罗裳，吻轻轻落在娥皇脖间。夜渐深帐渐暖，二人迷失在彼此的情意中。

新婚晨起，阳光熹微。从嘉早早醒来，望着仍旧沉睡的娥皇。娥皇似梦中依旧能感受从嘉炽热的目光，微微睁眼也醒了。她眨巴眼睛对从嘉笑笑，从嘉心神一荡，又迷失在她的笑意里。

缱绻缠绵过后，被衾上的点点落红记录着昨夜的炽热交缠。从嘉有些不好意思地笑着回应娥皇，落落大方的娥皇却是起身，为夫君穿戴好衣裳，束发戴冠。

从嘉张开双臂任由娥皇为其摆弄，脸色洋溢着满满的幸福。娥皇呀，你是我的鸾凤呀！我苦苦寻觅，你却这样飞临到我身边，我此生何其有幸！

从嘉怀着雀跃的心情开始感激赐予他这一切的人，他首先感激父皇。若不是父皇赐婚，让他娶得此女，他怕是遇不上娥皇的。生性敏感如他，时时想，如果不是父皇的赐婚，不是周宗始终要留着这个早已过了开笄年纪的女儿，他俩是不是此生就不能相见了？

佛曰此本是缘，奈何执著？从嘉恍惚，娥皇的出现，使他的内心不再六根清净。他的心为之激颤，为之痴狂。

对着秦淮河，对着笙歌，他的心也是飞扬的。满心都是娥皇的影子，她的一颦一笑，她一行一言，她一眉一目……从嘉觉得，这些都已镌刻在他心头了。

新婚燕尔，伉俪情笃。从嘉在深觉自己何其有幸之时，总会掩不住叹息。好似这个世界，总有一个人，他心里始终觉得是有亏欠的。

难道是自己没像司马相如一样，为自己心中的卓文君谱一曲《凤求凰》？

从嘉痴痴地想，对着秦淮河流波，心如游丝。心里诗才翻涌，恨不得当即吟出首词。可脑海里却不住翻涌着《诗经》中那首《蒹葭》，抑或那首《野有蔓草》：

蒹葭苍苍，白露为霜。所谓伊人，在水一方。溯洄从之，道阻且长。溯游从之，宛在水中央。

野有蔓草，零露漙兮。有美一人，清扬婉兮。邂逅相遇，适我愿兮。野有蔓草，零露瀼瀼。有美一人，婉如清扬。邂逅相遇，与子偕臧。

《野有蔓草》歌的是清扬婉兮的女子，在野外和情人巧遇。一见钟情，这哪里是他和娥皇的写照？从嘉很是怀疑，这和娥皇很不相衬，和娥皇很不相符呀！

至于《蒹葭》言的是自己寻美不得的苦闷，自己愿追随美人。哪怕"溯洄而上"，哪怕"道阻且长"。这与娥皇和他的感情之路更是大相径庭，他俩，多顺利多幸福的一对。好比比翼鸳鸯，怎会"道阻且长"呢？

从嘉有些恼自己，明明自己肚里有墨水，此时怎么一首词也填不出。腹间藏着的都是孩提时诵读的诗歌，难道自己结了婚反而变小了，怎么好像回到了孩提时代？

殊不知，《诗》三百，一言以蔽之，曰思无邪。

恰恰是这样的少年心思，让此时的从嘉可爱且鲜亮，单纯也最动人。"有美一人，清扬婉兮。邂逅相遇，适我愿兮。"此时娥皇虽不是野外所遇之美人，却是从嘉梦中百转千回的理想伴侣！至于"清扬婉兮"，恬静美丽蕙心兰质如娥皇，担得起。

"邂逅相遇，适我愿兮。"这是最美的相遇，美丽的开始注定着前景的瑰丽。

"所谓伊人，在水一方。"得到却更加珍惜，惜缘之人更能相守，共执一生！

这样的皎皎之心，这样的少年情思，绝不是他后半生的际遇浮沉中再识得的佳丽美人所能泯灭，所能替代，所能给予的。娥皇之于从嘉，就如七夕月色中，织女星璀璨永恒。周而复始，始终不变。

凤凰于飞，鸣于御前

娥皇也颇有才华，自幼就蒙高师指点。除熟识文墨，琴棋书画也无一不精。嫁给从嘉以后，年纪又比其长一岁，更是持重，倒没因初为人妇荒了自己一手好功夫。她在从嘉面前弹奏琵琶，引得四周鸟儿莺燕，绕梁不去。又引得从嘉抚琴相和，琴瑟和鸣。相视之间，二人皆对彼此又怜又爱，又敬又赞。

夫妻情意日笃，从嘉和娥皇夫妻琴音相和的事也在南唐国中传为美谈。从嘉的父亲，即当时南唐的中主李璟虽然也有所耳闻，可对这个自己亲定下的儿媳妇也颇感好奇，也想掂量这个儿媳妇到底几斤几两，和传说之言相比到底如何。他虽然自信娥皇有这本事，可他还是想验证一下自己的好眼光，再自鸣得意一下！

何况他向来自问风流，听曲品茗这等雅事，哪里能少了他！

定下日子后，娥皇便精心准备，要在公公面前好好露一手。从嘉却借着这个机会，别有用心。一个人遮遮掩掩地早出晚归，命人带着焦尾琴跟随，颇为神秘。娥皇几次问，他都笑而不语。任凭娥皇怎么套话，怎么撒娇使性子，从嘉就是不透一点口风。娥皇嗔怒之下，却也只能忍着。心里却仍惦记着，她的夫君葫芦里到底卖的什么药？

在众人的殷切期盼中，在文臣雅士的千呼万唤中，娥皇犹抱琵琶半遮面，半带娇羞地开始弹奏。

娥皇开始有些紧张，见从嘉镇定地看着她，强自镇定下来。娥皇收回心思，弹奏琵琶。意境也渐渐高远，整个人也随着曲入了境。娥皇所奏曲调繁复，初始温婉。曲中大开大合，激昂处如千军万马呼啸山川；浅酌处如春风过处曲水流觞；高亢处如铁骑突出银瓶乍破……听到之人，都为她的曲调所指引。李璟激昂处会蓦然闭眼，待得舒缓处又会稍稍扬眉。神色迥异，不一而足。待他睁开眼，舒一口气，终于大喝一声夸赞起自己的儿媳妇："妙哉，妙哉！"

李璟大手一挥，便下令赐娥皇南唐皇宫的珍宝——烧槽琵琶。

说起这烧槽琵琶，娥皇就颇为得意，这可是公公对自己的最大肯定呀！烧槽工艺精制乐器，据传始于东汉蔡邕。选桐木遇火烧灼，选取尚未燃烧完全的桐木。请工艺精湛的技师制成古琴，这也是"焦尾琴"来源。此法制琴十分不易，桐木烧熟易焦易断；烧得不均不熟得出的音色还不如普通琴音。从嘉最引以为傲的一把琴，也就是焦尾琴。此时娥皇得到一把焦尾琵琶，和丈夫比肩，心里可是说不出的得意！

娥皇正得意间，从嘉抚琴独立。琴弦在指尖飞舞，一曲《凤求凰》铿然而出：

　　"凤兮凤兮归故乡，遨游四海求其凰。时未遇兮无所将，何悟今兮升斯堂！有艳淑女在闺房，室迩人遐毒我肠。何缘交颈为鸳鸯，胡颉颃兮共翱翔！　凰兮凰兮从我栖，得托孳尾永为妃。交情通意心和谐，中夜相从知者谁？双翼俱起翻高飞，无感我思使余悲。"

一曲《凤求凰》过，从嘉与娥皇相视。从嘉面带笑意，宛如玉树。对面的娥皇已是含笑泫然，面有泪色。

一曲《凤求凰》，从嘉终于道出了自己的心思，顿觉豪壮。他痴痴地望着娥皇，心里一个声音不住喊着："娥皇，你愿意做我的凰，和我同游四海，看尽江山如画吗？"

娥皇轻拭泪水，含笑对着自己的夫君。彼此眼睛映照的，都是各自的身影。

美人清丽，君子俊朗。一曲《凤求凰》，从嘉无意求凰，却寻得人间最美之凤凰。

世间再得《霓裳》曲

"我昔元和侍宪皇，曾陪内宴宴昭阳。千歌百舞不可数，就中最爱霓裳舞。舞时寒食春风天，玉钩栏下香案前。案前舞者颜如玉，不着人家俗衣服。虹裳霞帔步摇冠，钿璎累累佩珊珊……"

这不是从嘉写的词，也不是娥皇写的诗，而是大唐诗人白居易写的《霓裳羽衣舞歌和微之》。其中写的是他观赏《霓裳羽衣舞》后的真切感受，如登仙境，如坠仙雾。美女琼浆，舞姿婆娑。

有说玄宗望见女儿山后悠然神往，回宫后根据幻想而做，后部分（歌和破）则是他吸收河西节度使杨敬述进献的印度《婆罗门曲》的音调而成（《唐会要》记载）。

可惜的是，这唐朝大曲中的法曲精品，唐歌舞的集大成之作，在安史之乱后失传。从嘉和娥皇二人都是好琴知雅之人，每每思及此，总是欷歔不已，扼腕叹息。

好在，老天还是惜才的。时隔百年之后，能让此曲经由这对夫妇之手，重现人间。一日，娥皇在澄心堂的藏书中查阅音律类书籍，无意间在书架上寻到几册残谱。曲谱时无时有，谱后附有乐器图示和演奏方法。这意外的发现使她欣喜若狂，如获至宝。她当即和同精音律的夫君从嘉商议，二人决议将此曲谱复归原样。二人说做就做，谁也挡不住。在《霓裳羽衣曲》复原之前，宫中之人很少见到这对夫妻走动。他二人形影不离，废寝忘食。茶饭不思，手不释卷。就着这部残谱不停研究，依谱寻声，边弹边吟。

遇到难处之时，娥皇会急着跺脚，从嘉总是宽慰："再想想！"便冥思苦想。

"成了！"当娥皇写完最后一个谱，兴奋地从琴案上跳起来，拍手拊掌。一侧的从嘉也是激动，当即把娥皇抱起来，用力地亲！

兴奋之后，二人感叹皇天不负有心人，他俩在耗费大量心力之后终于使得这部集大成之作得以失而复传。

从嘉与娥皇凭着自己的音乐天赋，复原了失传200年的《霓裳羽衣曲》。不仅是二人值得铭记终身的事，在现代看来，这也不得不说是音乐史上的一大奇迹。

乐曲复原之后，娥皇又根据《霓裳羽衣曲》编排《霓裳羽衣舞》。

红锦铺地，绣罗护壁。美酒金樽，熏香袅袅，月夜清浅。娥皇在悠扬悦耳的丝竹声中，在从嘉痴望的眸子里，翩然起舞。锦衣红袖，玲珑曼舞。点足踏月，乘风归去。缥缈时如玉蝶，急转时犹似流星。令人如临仙境，如成仙羽化。

舞到深处，似秋竹坼裂，又如春冰迸碎。惊若流云，翩若惊鸿，宛如游龙，美不胜收。渐转低沉，红锦"地衣"起皱痕。落花四溅，飘飘零落成雨。

从嘉在乱花中迷离双眼，他眼里的妻子，眉目一分分生动清朗起来，他还记得落于花雨中她的盈盈笑意和舒卷的蛾眉。

思绪神涌，从嘉为娥皇写了一首词——《玉楼春》：

> 晚妆初了明肌雪，春殿嫔娥鱼贯列。凤箫吹断水云闲，重按霓裳歌遍彻。
>
> 临风谁更飘香屑，醉拍阑干情味切。归时休放烛花红，待踏马蹄清夜月。

多少香词自此出

从嘉和娥皇结亲后，感情与日俱增，恩爱如胶。二人不仅在生活中是好伴侣，在精神上更是相互慰藉并相互依赖，离不开彼此。从嘉在与娥皇的相处中，诗才也随着诗意诗情喷薄而出，炽热而绵长。

从嘉做皇子的时候，有个自己定的规矩——每年春天都要远行

（类似于我们现在的自助游）。看名山大川，访古刹碑碣，寻访雅士。在他婚后的头一次出访，可苦了新婚燕尔的娥皇。少妇情思，独对空帐。躺在雕花大床上，望月怀远。心里忧思从嘉，难以入睡。她的身子也变得清瘦，新妇红润之色渐退，脸上挂满愁容。

她也懒得梳理晨妆，真如温庭筠《菩萨蛮》中所写：

> 小山重叠金明灭，鬓云欲度香腮雪。懒起画娥眉，弄妆梳洗迟。照花前后镜，花面交相映。新帖绣罗襦，双双金鹧鸪。

想到自己又懒又迟，心里愧疚。再看看自己的肤色，色衰松弛。心里不禁又悔又怨，又恨又恼。当期期艾艾的从嘉站在她面前时，一向沉敛的娥皇再也忍不住，一头扑在从嘉怀里。抱着从嘉脖子，一脸小女人的痴怨，将日日夜夜的相思之苦尽情倾倒。从嘉爱怜地抚摸着娥皇发丝，她的身子又瘦了。从嘉叹息之余更是爱怜自己的妻子了，他当即填了首《谢新恩》：

> 樱花落尽阶前月，象床愁倚熏笼。远似去年今日恨还同。双鬟不整云憔悴，泪沾红抹胸。何处相思苦，纱窗醉梦中。

樱花满地，春光转瞬即逝。明月当空，照着空房独守之思妇。此情此景，想起往日夫妻愉快的生活。你侬我侬，触景伤情，缩回帐中"愁倚熏笼"。从嘉更是注意到"远似去年今日恨还同"，这该是想起去年自己和娥皇因公务分别的情景，更加惆怅。而"双鬟不整云憔悴，泪沾红抹胸"一句更是把娥皇相思成疾的姿态表现得一览无余，"何处相思苦，纱窗醉梦中"也显现出对爱妻的怜惜愧疚之情。

所谓诗人，是注定与酒为伴的。从嘉也爱酒，喝酒赏舞，这样逍遥人间又有几人？娥皇舞至案前，从嘉会借着酒兴将她揽入怀中，半推半就地逼着娥皇喝上几杯。娥皇一旦饮上几杯醇酒，白皙的双颊便会立刻泛红。显出"贵妃醉酒"姿态，愈加妩媚婀娜，勾魂牵魄。有一月明案下，娥皇酒后似醉非醉地身倚绣床，挥动着被酒水濡湿的罗袖，顺手抽出一根绣线放进嘴里咀嚼。秋波流转，含嗔带笑。最后竟忘情挑衅，将嚼烂的红绒唾向从嘉，这就是为何后世讥诮从嘉前半辈子只知"烂嚼红茸"的原因了。坐在她对面的从嘉，倒也不恼，反倒被娥皇的俏皮勾住了心思，勾出新词《一斛珠》：

晓妆初过，沉檀轻注些儿个。向人微露丁香颗，一曲清歌，暂引樱桃破。

罗袖裛残殷色可，杯深旋被香醪涴。绣床斜凭娇无那，烂嚼红茸，笑向檀郎唾。

这首新词，把那夜娥皇的俏皮写得惟妙惟肖了。"笑向檀郎唾"，多么俏皮可爱。此词读着清爽，生动有趣。场景诙谐，透露出李从嘉憨厚老实的一面。被爱妻"唾烂嚼红茸"这憨态可掬的模样，怎么也不能让人联想到他是何等华贵又何等气度的皇子。

再说说那夜的《霓裳羽衣舞》吧，从嘉自写出那首《谢新恩》后，娥皇却难掩兴奋，拉着丈夫要再写首词。从嘉无奈，倒也爽快。当即泼墨挥毫，再填了首《浣溪沙》：

红日已高三丈透，金炉次第添香兽，红锦地衣随步皱。佳人舞点金钗溜，酒恶时拈花蕊嗅，别殿遥闻箫鼓奏。

金陵人言酒曰"酒恶"，从嘉用了"酒恶时拈花蕊嗅"是地地道道的方言。由此看来，写这首词时他的心里是舒坦的。

"红日已高三丈透，金炉次第添香兽，红锦地衣随步皱。"这样的画面，是南唐宫廷生活的展现。情趣高雅，生活奢侈糜烂，非寻常百姓可比。

"佳人舞点金钗溜，酒恶时拈花蕊嗅，别殿遥闻箫鼓奏。"这是一幅跳跃灵动的画面。美人的金钗溜走了，嬉戏间又捧得花儿放于鼻尖嗅。打闹嬉笑间暮钟响起了，遥遥传入耳中。字里行间，无不透露着少年得意和生活惬意。

少年春风得意的生活如指间沙，渐渐悄无声息地很快过去了，等待从嘉的又会是怎样的新天地呢？命运会给这个可爱的男子怎样的安排？是继续快乐无拘无束夫妻举案齐眉的生活，还是有了新的变数？南唐的历史车轮会不会就此改变？

第四章　世与我相违

李从嘉曾描述自己登基为皇，是"天教心愿与身违"。当我们回首这一段，看从嘉走过的历史足迹；当他不再是青春华少，不再是"少年不知愁滋味"时，我们跟从他走在命运的岔路口，体会人生的无奈变幻；我们也会感同身受"天教心愿与身违"是一种怎样的苦痛，怎样的心酸。

一　人君居之

一朝君临天下

要当上皇帝，也不是一件特别容易的事情。他必须首先有个当皇帝的老子，而且必须是皇后所出的长子。这还不够，他必须贤能有帝王之风。我们暂且不说李从嘉登上帝位有多难，我们先看看他的哥哥李弘翼。

李弘翼是中主李景通的长子，他不是太子。要当皇帝，那他必须要有合法的名号，即要先当上太子。李景通当时已将弟弟李景遂封为

"皇太弟"，想要把皇位传于他。

李弘翼要想当皇帝，面前便出现了很大的拦路虎。好在他很干脆，瞒着李景通把李景遂悄悄做了！

顺利地稳定了自己的太子之位后，李弘翼还不放心。他时时刻刻提防自己的兄弟，尤其是李从嘉！

可惜的是，李弘翼做这些事的时候却不为自己考虑。在毒死叔叔李景遂后，自己的生命也很快戛然而止。

李弘翼是怎么死的，史书仅有"暴卒"二字，实情则是不详。

我们就暂时确信李弘翼是暴卒的，他死了之后，又把"立太子"这个问题留给了李景通。

可以说，李景通在做皇帝的时候立太子是一波三折，处处不顺，十分不祥。李弘翼死后，李景通开始思量该定谁为太子。

李景通为这"不详"担心，也只能自个儿叹息，他现在能立的也只有李从嘉了。

嘴上不说什么，李景通心里明白得很。李从嘉活脱脱是他的翻版，生性懦弱，喜好文学。爱舞文弄墨，耽于情爱，真不是掌国事的料呀！

李从嘉想起自己几个早夭的儿子，不由得痛心疾首，泪流满面。他最钟爱的是二儿子李弘茂，这个儿子不仅"善歌诗，格调清古"，还"骑射击刺皆精习，又领兵职"。李弘茂心怀宽厚，虽能领兵，可素不喜戎事，李景通对这个儿子期望很高！

可惜的是，这个二儿子也在八年前去了。

李景通想起白发人送黑发人，心里又是一阵酸痛。他对将继承大任的儿子李从嘉虽然担忧，可心里还是十分偏爱的。李弘翼死后，他没有立即下立太子的命令，却已将李从嘉当做自己实际的继承人。

他将李从嘉从郑王封为吴王，迁入太子东宫居住。李从嘉其实得到的是一个代理太子的地位，只差正式下诏书了。

李景通有心立从嘉为太子，当即遭人反对。翰林学士钟谟心里对李从嘉立为太子有想法，便找了个机会向李景通进言："从嘉德轻志懦，又酷信释氏，非人主才。从善果敢凝重，宜为嗣。"说的是李从嘉年少浪荡，心思不在治国之上，万万不能把国家交给他来统管，要立储君就得立纪国公李从善。

钟谟的进谏立即招来李景通的勃然大怒，他之所以如此，也许正是因为吸取了李弘冀的教训，再不敢轻易更改立嫡立长的固定制度。而且他已承受不了骨肉相残和同室操戈的痛苦，李从嘉性情温和，他希望从嘉的继位可以让一切安宁起来。

李景通还借着钟谟立威，为李从嘉树立威信。李从嘉是他定下的继位之人，谁再敢妄言，一律受贬谪。

祸从口出的钟谟被贬为国子司业，吃力不讨好不说，还为李从嘉开了道，再也没人敢对着干了！

北宋建隆二年（公元961年）二月，李从嘉被正式立为太子。

同年李景通南巡，留李从嘉在金陵监国。由严续和殷崇义辅佐，张洎主笺奏。六月，南唐中主李景通病逝。太子李从嘉继承皇位于金陵，更名"煜"。

煜取"日以煜之昼，月以煜之夜"之意。

李煜新继位，父亲驾崩，心里的悲痛是难以掩饰的。《南唐书》载："居丧哀毁，几不胜，赦境内。"

李煜登上皇位后，尊钟后为圣尊后，立娥皇为皇后。对于自己的兄弟长辈，李煜也极尽照顾。封信王景遏为江王，邓王从善为韩王；立弟从镒为邓王，从谦为宜春王；从信为文阳郡公，景迁之子从度为昭平郡公。

李煜分封诸王除了是礼节上的必须，还有出于政治方面的考虑。但这只是李煜政治生涯的灵光一闪，之后的太多太多，我们都没见到这样的闪光。

最典型的是分封从善，从善曾经被提名为李景通的继承人，李景通在位时就曾任禁军统帅。当时钟谟所言"从善果敢凝重，宜为嗣"也代表一部分朝臣的心声。从这点上看，李煜敏锐地察觉到必须对从善加以防范。

把他留在金陵，李煜是极不放心的；而给他分封高位，也彰显李煜顾念兄弟情谊，并不刻意猜忌。

李煜一朝君临天下，皇袍加身；冕旒于前，玉笏于侧；整个人瘦而精实，明黄龙袍衬得他身形宽厚舒展。一向文气的李煜剑眉直飞两鬓，他第一次觉得自己威严赫赫。居于最高处，他双眸熠熠。对着文武百官振臂一呼，冕袍大袖一扬，宛如大鹏起兮。

"吾皇万岁万岁万万岁，吾皇万岁万岁万万岁！"百官众呼万岁，他的爱妻娥皇俯身仰视他。望着意气风发且少年志满的李煜，娥皇的眼睛渐渐在那抹明黄色中迷离。

娥皇心头激颤，忽觉自己娇小柔弱。李煜睥睨下方，他的大臣和他的妻犹如仰望天神一般仰视他。他觉得骄傲，觉得舒坦，觉得优越，觉得显赫！

从此，江山多锦绣，四海歌升平。这一切，都是他的！

当旨宣封娥皇为皇后，娥皇激动地落下喜悦的泪水。李煜见妻子娇羞赢弱的模样，心头一动，"我的妻呀！"

此生此世，她是他的妻。即使他登临皇位，山呼天下，在他心底某处，依旧只当她是"他的妻"。他不唤"朕的皇后"，他只唤"我的妻"。

初登位，天下变

李煜登临帝位之时，天下形势已然大变。

在李煜即位前两年，即后周显德六年（公元959年），三十九岁正值壮年的后周世宗柴荣病死。

柴荣死在后周北伐过程中，他的死也预示着后周北伐的失败。这也给南唐一个短暂的休息时间，然而李煜真的可以松一口气吗？

且看他面对的是怎么样的后周。

先别说五代第一明君柴荣如何治理后周，我们看看后周缔造者郭威是怎样的一个统治者。

史载，郭威临终前屡戒柴荣，其死后用纸衣瓦棺，不修地宫。不要守陵宫人，不得用石人和石兽。只立一石记子，镌字云："大周天子临晏驾，与嗣帝约，缘平生好俭素。只令著瓦棺纸衣葬，若违此言，阴灵不相助。"

郭威作为一代君王，节俭至此，连死时还不铺张。这与李煜处于储君之位还费尽心力且花尽钱财寻求"文房四宝"和"古玩字画"有多大的区别呀！

郭威病逝后，新上任的柴荣则将郭威的基业开枝散叶，而后周也成为当时最强大的国家！

后周的强大，是各个方面的强大。不仅是经济和军事，还有它顺民意得民心！

郭威死后，北汉以为有机可乘，便勾结契丹侵后周。柴荣以"唐初，天下草寇蜂起，并是太宗亲平之"，并亲自率军兼程速进，不畏矢石冒死督战，击败北汉和契丹联军。

"十年开拓天下，十年养百姓，十年致太平足矣！"后周世宗柴荣就是带着这样的霸气豪气席卷天下的。

在他五年多的统治期间，励精图治、锐意改革并南征北战，揭开了结束分裂且统一天下的序幕。在位统治其间，他清吏治，选人才；均定田赋，整顿禁军；限制佛教，奖励农耕；恢复漕运，兴修水利；修订刑律和历法，考正雅乐；纠正科举弊端，搜求佚书；雕刻古籍，大兴文教……

这时的后周厚积薄发，国力雄厚。大有"秦王扫六合，虎势合雄哉"的态势，统一之势势不可当！

得民心者得天下！后周统一天下是合乎民意的。柴荣幼年受过苦，懂得体恤民情，关心民间疾苦。他下令罢黜正税之外的一切税收，鼓励开荒，将无主荒地分配给逃亡人户耕种。并且颁发均田图均定赋税，就连历代享受优待的曲阜孔氏也被取消特权。

而我们反观南唐，又是怎么样的景象呢？李煜父亲李景通深陷战争泥潭，又性喜奢侈腐败。加重百姓税赋负担，搞得怨声载道，百姓生活潦倒不堪。

读者会说，那是上一辈子的事，你不该拿李煜他老子做的和周世宗相比。

李煜十分喜好佛法，他推崇佛教，自己也沉迷其间。当时佛教广为流行，许多人为逃避徭役和赋税纷纷"出家"。柴荣采取抑制佛教和打击寺院经济的措施，禁止私自剃度出家。并且拆毁寺庙数千所，勒令僧人还俗数十万人。毁铜佛像以铸钱，避免大量金属被用来铸造佛像。致使铜价上涨，钱币奇缺。

那你又会说周世宗不懂佛；李煜懂佛，所以常怀仁义和慈悲、恻隐之心，不限制佛教发展。

殊不知，周世宗柴荣是这样解释自己限制佛教的行为的，他说："平定乱世乃千秋的功业。佛家曾谓如有益于世人，手眼尚且可以布施，区区铜像又何足道！"

周世宗在位其间，也和南唐交过手。南唐当时很快落了下风，屈尊降位。割地求和，处处受制于后周。

面对这样强大的对手，李景通也是害怕的。以李煜懦弱的性格，他应该也是惧怕多于嫉恨。

可惜的是，这位照耀五代黑暗时代的一颗璀璨明星就如流星一般，在位仅仅五年就陨落了。老天对他是不公平的，没给他三十年的时间统一中国，再创一个太平盛世，只给了他短暂的五年，短短三十九年的生命。他死时，李景通也是垂垂老矣，而李煜一面享受幸福的婚姻生活；一面即将接手一个国家的命运。

柴荣死后，年仅七岁的柴宗训继位。这一变数，李煜究竟是该庆幸，还是该侥幸？从后人的角度及李煜自己的表现来看，李煜是遇到了和他纠缠了一生的对手——赵匡胤！

国学大师陈寅恪说："华夏民族之文化，历数千载之演进，造极于赵宋之世。"他认为，宋代文化之灿烂为汉唐所不及，达到了我国古代文化的最高峰。正因如此，赵匡胤作为赵宋王朝的缔造者，颇受后人推崇。

李煜也是文化的积极推崇者，在这点上他和赵匡胤是相通的。但就立场上看，他俩始终以对手的身份出现。

无论江山，还是美人！

在品足江山美人之争之前，我们还是先看看赵匡胤究竟是怎么样的一个人。

赵匡胤能走到历史的洪涛中乘风破浪，自此山呼天下应该是从"陈桥兵变"开始的。

赵匡胤发动"陈桥兵变"取代后周是历史上不争的事实。

柴荣死后新继位的恭帝只有七岁，一个少不更事的孩子，怎么能独揽大局？后周出现"主少国疑"的不稳定局势，当时的赵匡胤受柴荣遗命辅佐幼帝。为殿前都点检和归德军节度使，几乎掌控了后周的军权。

面对如此的权力诱惑，如此的天赐良机，赵匡胤终究没能像"周公辅助成王"与"霍光辅佐昭帝"那样勤勤恳恳兢兢业业。而是自己黄袍加身，一朝君临天下。

翌年正月初三日，赵匡胤统率大军离开都城。夜宿距开封东北二十公里的陈桥驿，兵变计划就付诸实践了。这天晚上，赵匡胤的一些亲信先在将士中散布议论，说"今皇帝幼弱，不能亲政。我们为国效力破敌，有谁知晓。不若先拥立赵匡胤为皇帝，然后再出发北征"。将士的兵变情绪很快就被煽动起来，这时赵匡胤的弟弟赵匡义（后改名"光义"，即宋太宗赵炅）和亲信赵普见时机成熟，便授意将士将一件事先准备好的皇帝登基的黄袍披在假装醉酒刚刚醒来的赵匡胤身上，并皆拜于庭下。呼喊万岁的声音几里外都能听到，遂拥立其为皇帝。

赵匡胤当时还装出一副被迫的样子说："你们自贪富贵，立我为天子。能从我命则可，不然，我不能为若主矣。"

拥立者们一齐表示"唯命是听"，赵匡胤当众宣布回开封后，对后周的太后和小皇帝不得惊犯。并且对后周的公卿不得侵凌，对朝市府库不得侵掠。服从命令者有赏，违反命令者族诛。诸将士都应声"诺"！于是赵匡胤率兵变的队伍回师开封。

关于陈桥兵变，在宋代官方文献中都将其说成是赵匡胤事先完全不知内情的，是不情愿且毫无预谋的。实际上，这次兵变完全是赵匡胤主谋的。最大的疑点就是大军将出之际都是士气高昂意图精忠报国，为何会有"点检做天子"的谣传？当时的军将又哪里有这样的胆子事先预备足以杀身的黄袍和禅位诏？

当然关于陈桥兵变，我们看到赵匡胤作为一个谋逆者具有良好的品质和宽大胸怀。陈桥兵变后，他下令对后周的太后和小皇帝不得惊犯，对后周的公卿不得侵凌，对朝市府库不得侵掠，违反命令者族诛！

心怀天下的范仲淹曾由衷地说："祖宗以来，未尝轻杀一臣下，此盛德之事。"关于这点，之后的历史也有描述，"太祖勒石，锁置殿中。使嗣君即位，入而跪读，其戒有三：一、保全柴氏子孙；二、不杀士大夫；三、不加农田之赋。呜呼！若此三者，不谓之盛德也不能。"

笔者详尽叙述了陈桥兵变的过程，最终归宿点还是要回到我们的李煜身上。

赵匡胤发动陈桥兵变，大胆却不张扬。虽是武将，展现的却是文人谋士的伎俩。可见这个人是很狡猾的，不是很好纠缠的。

这样的性格特点，在对付李煜的过程中更是明显。当时的李煜被他困住制住，百般刁难，欲哭无泪，求天可怜。可那时的赵匡胤却是最舒服最畅快的，奚落李煜，嘲弄李煜。逼得李煜抱头痛哭，却无计可施。

同是一国之君，赵匡胤觉得好笑；对于李煜，那滋味却一点儿也不好受。

可他还是有隐忍之心的，他没有防微杜渐斩草除根；反而立下誓言要保护好周世宗的妻儿后代，这样的帝王胸襟不是每个人都能够做到的。最直接的对比是，一向以仁义著称的"汉景帝"，为了给选定的继承人，也就是将来的汉武帝刘彻铺好路子，逼死废太子刘荣。并且设计致大功臣周亚夫死，就连刘荣生母也不得善终！

这就是帝王业，谋天下者都要出非常手段！

可赵匡胤没有，他不仅要求保全柴荣的后代，还严令后来继位者保全好柴荣后代！

"不杀士大夫"这点就赵匡胤和李煜关系来说，也是非常不容易的。所谓"士大夫"，力不能扛鼎，却是满腹经纶，才华横溢。赵匡胤是爱才之人，他欣赏李煜的才华，也欣赏李煜的辞赋，甚至也可怜李煜的境遇。可最为重要的一点，毕竟他是他的对手，他是他的敌人！

他灭亡了南唐，手刃南唐国君。却终于没有杀这末代帝王，这一个"文人骚客"，李煜的死和他无关！

二 人臣事宋

金陵难耐，迁都洪州

南唐将都城从金陵迁至洪州，并不是在李煜手上完成的。但和李煜也有莫大的联系，这一事件会让我们对南唐国运，以及李景通父子的品格产生了深刻的思考。

迁都和新登位的赵匡胤有关，那我们看看李景通父子在这新君王面前是怎么表现的。

早在李煜登上帝位之前，李景通便削去帝号，向后周世宗柴荣称臣，改称"国主"。赵匡胤上台后，新立的大宋为平定国内大将李重进的叛乱，防止李重进和南唐勾结，改变了对南唐的方针。然而这一方针尚未贯彻，南唐统治者就把热脸贴了过来。

这可以算是李煜和他一生对手赵匡胤的第一次交锋，当时李景通尚在人世，李煜还是其内定的接班人。

南唐这次所作所为实在是令人心寒，我们看到的将不再是美酒金樽、美人如玉、歌舞升平且词美曲谐的南唐，而是一个摇摇欲坠的高楼，国家的大厦在这一刻开始坍塌。此时的南唐正如其掌权者李景通，垂垂老矣。鬓发苍白，诚惶诚恐。人老珠黄，度日如年。

赵匡胤登位当年三月便遣使赴金陵，向南唐宣谕"应天顺民，法尧禅舜"的立国诏令。并释放了三十四名投降后周的南唐将领，以示友好。李景通得诏后客气得没了限度，回礼绢两万匹及银万两；同时承认宋朝对南唐享有与后周同等的特权。

这点说来讽刺，就如千年以后的中国对外来侵略者"以帝国之物华，结彼国之欢"的市侩小人嘴脸。

李景通送完礼后，赵匡胤回应得并不热切。他为此焦躁不安，又于当年七月进贡金器五百两、银器三千两、罗纨千匹和绢五千匹，并且派礼部郎中龚慎仪朝贺，奉献乘舆和服御。

十一月，原后周扬州节度使李重进发动叛乱。因为扬州和南唐接近，所以李重进想拉拢李景通共同对付大宋，被李景通拒绝。

李景通心里害怕赵匡胤怪罪，伤了两国和气。又先后派右仆射严续向当时亲自领兵平乱的赵匡胤犒军，户部侍郎冯延鲁贡金买宴，再进金玉、鞍勒、银装和兵器。

其实李景通这一做法是夸大形势，有"长他人志气，灭自己威风"的嫌疑。当时赵匡胤面临的是"内忧外患"的局面，江南地区兵祸连接动荡不安，而北汉与契丹又虎视眈眈。稍有不慎就会使国家陷入危难，新立的大宋岌岌可危。

从这个角度说，如果南唐和后周扬州节度使李重进合作，威逼宋朝，也未必没有胜算。再退一万步说，如果李重进兵败了，宋朝也会十分虚弱，南唐收回之前失去土地也是有很大把握的。赵匡胤即使嫉恨，但一时碍于国力，也不敢急于进攻南唐。

从军事和策略角度，李景通这种做法可称得上开门揖盗。从而大大助长了赵匡胤得陇望蜀的贪欲和以强凌弱的气焰，为南唐埋下了更深的祸根。

果然，赵匡胤在平定李重进叛乱之后，便命军队在迎銮镇长江水域演练战舰，威慑南唐。

面对宋朝水师旌旗蔽空咄咄逼人的态势，李景通深感家门口危险，他当即召集群臣商议。

这也真亏他的，李景通居然提出迁都这一大胆的设想。按他的说法："金陵与宋朝辖境只有一江之隔，又在下流。假如赵家天子发重兵强攻，京城难保。各州节度使纵然能勤王解救国难，又怎能确保他们中间不出现乘隙窃国的当今刘裕和陈霸先？有鉴于此，朕以为尽早脱离险境，迁都洪州。据上流以制根本，方为万全之策。"

他的话语中透露更多的是对宋朝水师的惧怕，而不是国内节度使勤王不力。当时的朝臣对李景通的主张大都反对，只有枢密使此前奉命督建南都的唐镐一人极力附和："迁都大事岂能优柔寡断！况且宫苑业已建成，如改做他用，实在可惜。江北赵氏天下不容吾朝经营金陵，时刻都在虎视眈眈。面对如此严峻形势，亦当走为上计。"

这个反对的官员则是赤裸裸地说出迁都最大的原因和目的，就他所说的四个字"走为上计"！

于是南唐中主李景通开始了浩浩荡荡的迁都之行，将皇都迁往了当时的洪州（治豫章，今江西南昌）。

笔者之所以说这是李煜和赵匡胤的第一次交锋，还是要从李煜当时所处的官位考虑。赵匡胤集结水师威慑南唐之时，李煜任的是神武都虞侯巡江使。对于赵匡胤的威慑，李煜不但没有做出必要的反击或者安定民心君心的举措；反而对这一事件表现出平淡，甚至漠然的态度。作为巡江使的他，顶着"神武都虞侯巡江使"这样大的头衔却很少身着甲胄带兵巡江，这不得不令人扼腕叹息。

这也是我们很少提到李煜当官时的作风的原因，从这一点上，我们倒是可以隐约看到他当皇帝时的影子，这对于一个国家是不幸的。对于李煜个人，如若他只是南唐王子或者高官，那他也能在国亡后独善其身。但对于一个君王，当天下者，那又是不一样的局面了。

历史终究把他推进了旋涡中，他注定要走上不平凡的帝王路。

"一岁三朝"于宋

赵匡胤爱玩猫捉老鼠的游戏，他要把一个当不好皇帝的人当老鼠一样好好戏谑一番。抓了放，放了抓。并且又爱在洞口探着，时时给你放冷箭。要你做老鼠的寝食难安，如履薄冰。

李煜就是赵匡胤爪子底下的这样一只老鼠。

李煜刚刚登上皇位，盛大的登基大典让他心里欢畅。第一次感受到权力的威力，所有人都瞻仰他，连他心爱的妻子也仰视他。

然而屁股尚未把龙椅坐热，大宋朝的皇帝赵匡胤就不高兴了。赵匡胤不高兴了，后果很严重！

惹赵匡胤不高兴的东西简直不是东西，是一只木鸡！猫从老鼠家扒出一只木鸡，猫很不高兴，拿着耗子问罪！

事情是这样的，李煜登基那天，司仪大臣按惯例在宫门口高高竖起一根朱红的七丈长杆。杆顶立着一只黄金饰首的四尺木鸡，其口衔七尺绛幡，下承彩盘，以绛绳维系。

赵匡胤知道后大发雷霆，李煜大胆，不甘俯首称臣，居然用起了当朝天子礼仪！赵匡胤急召南唐使臣陆昭符，责问李煜为何敢袭用"金鸡消息"举行大赦？

这个陆昭符舌灿莲花，有把稻草说成黄金的本事。他跟赵匡胤解释，那只金鸡不是金鸡，而是一只怪鸟；传的不是"金鸡消息"，而是"怪鸟消息"。

赵匡胤很是满意，毕竟鸟比鸡小，这点他还是能忍受的。

这桩关于金鸡与怪鸟的笑谈传回金陵，李煜手抖了，他紧张得难以自控。当即差人备墨，面色凝重地写下《即位上宋太祖表》。完后派中书侍郎冯延鲁入宋，携金器两千两、银器两万两及纱罗绢丝三万匹入宋。

李煜亲自写就的《即位上宋太祖表》，语词恭敬、句句肺腑赛过诸葛亮的《出师表》；言辞虚心，真诚动人胜过李密的《陈情表》。

《即位上宋太祖表》此表的全文是：

臣本于诸子，实愧非才。自出胶庠，心疏利禄。被父兄之荫育，乐日月以优游。思追巢、许之余尘，远慕夷、齐之高义。既倾恳悃，上告先君；固匪虚词，人多知者。徒以伯仲继没，次第推迁。先世谓臣克习义方，既长且嫡，俾司国事，遽易年华。及乎暂赴豫章，留居建业，正储副之位，分监抚之权，惧弗克堪，常深自励。不谓奄丁艰罚，遂玷缵承，因顾肯堂，不敢灭性。然念先世君临江表垂二十年，中间务在倦勤，将思释负。臣亡兄文献太子弘冀将从内禅，已决宿心，而世宗敦劝既深，议言因息。及陛下显膺帝，弥笃睿情，方誓子孙，仰酬临照，则臣向于脱屣，亦匪邀名。既嗣宗枋，敢忘负荷，惟坚臣节，上奉天朝。若曰稍易初心，辄萌异志，岂独不遵于祖祢，实当受谴于神明。方主一国之生灵，遐赖九天之覆焘。况陛下怀柔义广，煦妪仁深，必假清光，更逾曩日。远凭帝力，下抚旧邦，克获晏安，得从康泰。

然所虑者，吴越国邻于敝土，近似深仇，犹恐辄向封疆，或生纷扰。臣即自严部曲，终不先有侵渔，免结衅嫌，挠干旒。仍虑巧肆如簧之舌，仰成投杼之疑，曲构异端，潜行诡道。愿回鉴烛，显谕是非，庶使远臣，得安危恳。

064　　李煜通过上表表达了三层意思：第一，他性喜淡泊，并无成就霸业的野心和能力。当太子做皇帝不过是因为兄长早殇，并不是他心甘情愿的。第二，南唐得有今日，全靠宋朝恩泽。如今赵匡胤登上皇位了，他会恪守做臣子的本分，也希望赵匡胤好好栽培他。第三，希望赵匡胤莫要轻信有关离间南唐和宋朝的谗言，伤了两国既定的关系，失了既得利益。

李煜继位，还特地求赵匡胤赐予南唐中主李景通谥号。赵匡胤对李煜为父亲求"谥号"的表现也颇为满意，爽快地赐予李景通"明道崇德文宣孝皇帝"，庙号"元宗"，陵号"顺陵"。

虽然卑身屈膝地求赵匡胤赐给父亲死后的谥号，但就对自己父亲尽孝而言，李煜做的还是不错的。

李景通死之前，面对新都城浩大的工程，大兴土木，劳民伤财，心里也产生了些愧疚。也许是怕死后不安，为后人谴责，因而他嘱托："安葬南昌，累土为坟。丧事从简，力戒奢靡，违言者非忠臣孝子。"

但李景通真实的想法，还是想回归故乡的。从迁都到洪州的第一天起，他便开始思念在金陵安逸释然的生活。

他长叹"灵槎思浩渺，老鹤忆空同"。为免触景伤神伤身，下属便用屏风遮挡他的视线，防止他远望无尽长江水哀叹。

"愿为鸿鹄兮归故乡"，李煜明白父亲是想回金陵的。洪州是客处，他不忍心将父亲尸骨留葬洪州。他下令执意将灵柩迎回金陵，以盛大礼仪下葬。

几乎与李景通病逝的同时，赵匡胤的母亲昭宪皇太后也驾鹤西去。李煜特派户部侍郎韩熙载等南唐要员，携厚礼前往汴梁吊丧；而宋朝凭吊中主李景通，只派鞍辔库使梁义携带绢三千匹资助丧葬。虽然来使身份低微，可李煜还是俯首系颈，将他作为上宾款待，处处恭顺。

这是明显不公平的，但对于一个委身宋朝当臣的南唐来说，又有什么资格说公平呢？当时宋朝使臣还以诗讽喻李煜，要他"朝宗海浪拱星辰"，"莫教雷雨损基扃"，要他安心竭诚侍奉宋朝；否则日子过得是不平静的。李煜是大才子，听了这样的话，心里又是羞愧又是气愤，但都不能发作。

李煜对于向宋朝进贡，素来都是不辞辛苦且不厌其烦的。按他自己的话说："煜每闻朝廷出师克捷及喜庆事，必遣使犒师修贡；其大庆节，更以买宴为名，别奉珍玩为献；吉凶大礼，皆别修贡。"

为此，他在北宋建隆三年（公元962年），也就是他继位的第二年，一年内就相继于三月、六月和十一月纳贡三次。

而每一次的数额都是巨大惊人的，仅以六月为例，南唐一次就献金器两千两、银器一万两和锦绮绫罗一万匹。当时南唐的财政赤字已是十分严重，李煜为了弥补财政亏空，下令改铸和发行质料廉价的铁钱。以十当一，取代铜钱，这一做法是赤裸裸地掠夺百姓的财富。钱多了，东西却没有多起来。钱不值钱了，百姓困苦了——这在今人定义为"恶性通货膨胀"；同时他下令扩大税收来源，官员们纷纷巧立名目，荒谬地把鹅生的双黄蛋和柳条结絮都列入纳税范围之内。

一岁三朝于宋后，南唐社会的危机又进一步加深了。对于一个饱受屈辱的国家，可怜之处必有可哀之理。一旦软弱和妥协成为主旋律，那这样的没落也是历史的必然。

宋平荆南，遣使犒师

北宋建隆三年（公元962年），赵匡胤以"假道"为由，出师平定荆南。

赵匡胤选择荆南作为登基称帝后对外用兵的第一站，是具有深远的战略意义的。

世传赵匡胤雪夜携弟赵光义密访赵普，询问南征北伐具体策略。当时的赵普说："南征北伐，正当其时，愿闻成算所向。"太祖说："欲收太原。"

赵普揣度当时天下形势，北面的辽朝和盘踞山西的北汉结盟，互为犄角，与宋朝对抗；南方共有七个割据政权，分别为后蜀、南汉、南唐、吴越，以及同属十国之列的荆南，此外还有周行逢和陈洪进的两大割据政权与大宋隔长江并立。

赵普沉默良久才说："如果北汉一举而下，则我大宋将直面契丹。攻取北汉，无异于自毁城墙。何不留着它，待削平诸国，再平北汉这一弹丸黑子之地？"

赵普这席话正中赵匡胤下怀，他当即拍板，定下统一的方略。

这个方略实际上是周世宗柴荣方略的延续，后人概括为"先南后北，先易后难"。

平定荆南揭开了宋朝迈开统一步伐的第一步，意义重大，影响深远。第一，这是对"先易后难"统一方略可行性的检测，其成败将直接影响整个战略布局，是对军心和民心背向的考验；第二，宋朝控扼荆湖，在经济上属于夺得了中国中部粮仓，在军事上掌握了西上、东进和南下的主动权，像一把尖刀直插江南要害。

可以说，荆南一平，江南危矣！

宋朝在平定荆南后，赵匡胤命人在京城开大池，名曰"教船池"。挑选精壮士卒专门训练水军。这可以看做是向水军实力强大的南唐进攻的信号，南唐极有可能是赵匡胤的下一个目标。

面对着这样一场关系到南唐门户高堂和唇亡齿寒的战争，我们的李煜选择妥协退让。

宋平荆南，李煜遣使犒师。就李煜"犒赏"这点，我们应该可以理解，也基本可以赞同了。南唐的妥协和顺从让赵匡胤暂时放弃了进攻南唐的计划，转而进攻其他国家。当时作为帝王的李煜，在南唐情势衰微之时，内心是十分孤独无助的，他心心念念的妻子的身体正日益虚弱和衰竭。

三　子殇妻危

次子仲宣卒

北宋乾德二年（公元964年）对于李煜来说是近乎噩梦般的年岁，二十八岁的李煜在这一年失去了宝贝的小儿子和他心爱的妻子。也是在这一年，他又是过得那样放纵恣意，他体验到生为男人从未有过的激情与狂暴。

七夕乞巧夜，正逢李煜生日，实在是喜庆的一天。李煜命人在碧落宫内张起八尺琉璃屏风，以红白罗百匹扎成月宫天河的形状。又在宫中空地上凿金做莲花，饰以珍贝夜明珠。四面悬着一色琉璃灯，宛如蓬莱仙岛上仙境一般。流光璀璨，熠熠生辉。月宫里面，美伎着霞裾云裳，宛如天外飞仙。《霓裳羽衣曲》自月宫传来，缥缥缈缈，悦耳怡神。娥皇连声赞道："陛下巧思真不可及！如此布置，与广寒宫无二。倘被嫦娥知道，恐欲奔下凡间，参加陛下的盛会了。"李煜含笑说："昔唐人有诗'嫦娥应悔偷灵药，碧海青天夜夜心'，嫦娥虽居月宫为仙，也未免有寂寞凄凉之感。哪里比得上朕与卿，身在凡间，反可以朝欢暮乐呢！"李煜与娥皇四目相视，心有灵犀。喜悦之余，开怀畅饮。直至天色已明，方才席散。

不料正是七夕之夜后，娥皇身体不适。李煜见妻子蹙眉忧愁的模样，心里十分焦急，嘘寒问暖。每日即使再忙也要至娥皇病榻前，端药送水，十分周到。娥皇经常半夜醒来，见自己丈夫满脸倦意地俯靠在病榻前，安详地睡着。每每此时，娥皇的心里就暖暖的，病痛都好像减了几分。

可病痛不饶人，娥皇的病情不见好转，反而加重了。看着妻子面色渐渐苍白无力，李煜心如刀绞，恨不得替娥皇生了这场病。

他心念妻子的病情，殷切期盼着他的妻能好起来，站在红绡地上为他舞《霓裳羽衣舞》。不求舞得有多美，只盼她能挥舞红袖，步履轻盈。

他的娥皇呀！——李煜乞求老天对他公平些，让他心爱的妻子不再虚弱，不再承受病痛，让她伴在他身侧！

李煜昔日和娥皇嬉戏，娥皇赞他如玉树临风而立。那时的他则点着娥皇的蛾眉，笑着应和她当是他身侧的瑶草。李煜想起往事，心底黯然。他的娥皇，他的瑶草尚处病榻中，这要他如何开心得起来？

知我者谓我心忧，不知我者问我何愁？李煜念着娥皇，心里又是一酸。他这模样教娥皇看见了，岂不是又要惹她伤心了？思及此处，李煜心里满怀希望，口中吟道：

玉树后庭前，瑶草妆镜边。去年花不老，今年月又圆。莫教偏，和月和花，天教长少年。

"我的妻呀！"他心念着，"你会好起来的，我待你好起来，我们再琴箫相和，我再与你看尽江山如画！"

乖巧心细的二儿子仲宣是他和娥皇所出，最得娥皇喜爱。他见母亲卧病在床，也学着宫女的样子为母亲焚香求福，祈盼母亲的病能快些好起来。

哪知道，老天又会如此狠心，飞来横祸送了仲宣性命，也断了娥皇最后的希冀。史载："（仲宣）一日戏佛像前，有大琉璃灯为猫触堕地，哗然作声。仲宣因惊得疾，竟卒。"

李煜的心在滴血！

作为帝王，他躲在暗处。独自掩着身子，泣不成声。仲宣出生时，他是那样的开心，那样忘情的开心！

犹记得仲宣出生时，他向大臣们颁赐"洗儿果"。有一位大臣在谢恩表中写到："猥蒙宠数，深愧无功。"意思是自己无功却受了厚禄。当时的他仰头大笑，开起了黄玩笑："在这种事上怎么能让爱卿有功呢？"

转而他脑中浮现的是仲宣在他和娥皇面前乖巧地背诵《孝经》，那时的他才三岁啊。长得虎头虎脑，背得一字也不差。望着案上娥皇的琵琶，李煜的心犹如被坚冰慑住一般。他的仲宣呀，才那么一点点儿大，就知道在他和娥皇吹乐奏鸣时拍手拊掌。

他欲要疯狂，所有的压抑苦闷最后化做一股戾气，流于笔尖：

> 永念难消释，孤怀痛自嗟。雨声秋寂寞，愁引病增
> 加。咽绝风前思，昏漾眼上花。空王应念我，穷子正迷家。

可惜，老天不念他！李煜苦笑，笑得凄苦。

> 呜呼！庭兰伊何，方春而零；掌珠伊何，在玩而倾。
> 珠沉媚泽，兰陨芳馨；人犹沮恨，我若为情？萧萧极野，
> 寂寂重扃。与子长诀，挥涕吞声。噫嘻，哀哉！

纵是再有才情，纵使我是帝王，又怎能牢牢地抓住你稚嫩的双手，让你不迷失？老天带你来时，你如此欢快如此轻畅，我又是如此开心喜悦，满世界都是你小小的身子；你走时，你又是如此悄无声息。而我连你的影子也无法流连，你我的世界就此塌陷。

病榻之人如今奄奄一息，她聪明如斯，心细如斯呀，她真的不知晓吗？不知晓仲宣已经去了，不知晓我李煜心里满满的只有她一人？李煜敲自己的脑袋，他连自己都说服不了，如何能瞒骗得过心细敏感的妻子？满心的悲痛化做对自己的愤怒，他一声声地苛责自己："李煜呀李煜，你在做什么！"

他该如何面对他的妻呀，他的娥皇！李煜想起那抹绿衣，春夜花帐下的缱绻缠绵，他的视线一片浑浊……他想挣脱，可那一颦一笑宛若春水，勾住他的心湖。他挣脱不了，他摆脱不掉！

李煜逼迫着自己不要再忆起，他要好好守着娥皇，好好守着自己的妻子！

皇后娥皇卒

李煜强压心头的悲痛，严禁宫人将次子仲宣已殁的消息泄露给皇后娥皇。

他更加细致地照顾娥皇了，小心地侍候汤药。一匙一匙小小心心地送入娥皇的嘴巴，看着她吞咽下去。他揽着她，他的娥皇单薄得如一张纸。他拿捏在手上，生怕一不小心，她就飘走了。

他抱着她，他会流泪的。她问他，他真如凌迟。

"宣儿呢，他这样乖巧，为何不来看他的母后？"娥皇呢喃，声音轻软无力，喉间颤抖。

"宣儿呀！"李煜抱着娥皇的手臂紧了紧，他的眼角抽动。泪水又打转了，他强自镇定："这几日仲宣在太后那儿呢，太后怕他累了你的病，看管得紧呢！"

娥皇眼睛空洞，茫然地望着李煜，哀求着说："要他回来好不好？我实在太想他了，没了他我不能……"

娥皇摇头，面色痛苦，李煜止住她的话说："他会很快回来的，很快的！"

"你骗我！"娥皇轻拉着丈夫的衣角，"他答应来看我的，现在都没来呢，仲宣不会失信于母亲的！"

李煜轻拍着娥皇的背，只盼着她能在自己的怀里睡去。

可娥皇终究还是知道了，李煜再见她时，娥皇两眼空洞。任由李煜抱着，并不躲闪也不依偎。

"怎么了？"明明自己的心也在颤抖，无法平静。李煜还是期盼着自己的妻子纠缠他，而不是如木偶一样。

娥皇没有回话，却是命人将公公李景通恩赐的烧槽琵琶取来。又顺着枕边摸出约臂玉环，塞到李煜手上。

李煜摇头，痛苦的难以自己。她这是要和自己诀别，从此碧落黄泉，永不相见吗？

娥皇却命他看着她，不容他躲闪。她细致地说着，声音哀婉低沉，听得李煜心欲碎裂："婢子多幸，托质君门。窃冒华宠，业已十年。世间女子之荣，莫过于此。所痛惜者，黄泉路近，来日无多。子殇身殁，无以报德。"

说完这话，娥皇闭上眼睛。她累了，她不想再望见夫君的神色，她不想看到他有多么的失望，多么的痛苦。她只盼着他能好好的，哪怕他的好再与她无关。

"寻春须是先春早，看花莫待花枝老……何妨频笑粲，禁苑春归晚。"娥皇续续地念着李煜写的这首不全的《子夜歌》，可爱俏皮的妹妹嘉敏的一颦一笑浮现在眼前，引得她心口发窒。

生来最大的眷恋呀！新婚之夜的惊鸿一瞥，他一朝成了她的夫，她决意生死相随。一曲《霓裳羽衣曲》，美人如玉君如玉，此生她只为他而舞！

她当记住最好的自己还有最好的他！在留下"请薄葬"的遗言后，她小心细致地再给自己沐沐浴梳梳妆。换上精致却古板的寿衣后，将一块美玉含入口中，仰面而卧，安详地等待死亡的降临。她知道那一侧，她的宣儿正在等她。

北宋乾德二年（公元964年）十一月，国后周氏卒。

挽歌——《昭慧周后诔》

天长地久，嗟嗟蒸民。嗜欲既胜，悲欢纠纷。缘情攸宅，触事来津。赀盈世逸，乐尟愁殷。沉乌逞兔，茂夏凋春。年弥念旷，得故忘新。阙景颓岸，世阅川奔。外物交感，犹伤昔人。诡梦高唐，诞夸洛浦。构屈平虚，亦悯终古。况我心摧，兴哀有地。苍苍何辜，歼予伉俪？

窈窕难追，不禄于世。玉泣珠融，殒然破碎。柔仪俊德，孤映鲜双，纤秾挺秀，婉娈开扬。艳不至冶，慧或无伤。盘绅奚戒，慎肃惟常。环佩爱节，造次有章。会颦发笑，擢秀腾芳。鬓云留鉴，眼彩飞光。情漾春媚，爱语风香。瑰姿禀异，金冶昭祥。婉容无犯，均教多方。茫茫独逝，舍我何乡？

昔我新婚，燕尔情好。媒无劳辞，筮无违报。归妹邀终，咸爻协兆。俯仰同心，绸缪是道。执子之手，与子偕老。今也如何，不终往告？呜呼哀哉，志心既违，孝爱克全。殷勤柔握，力折危言。遗情盼盼，哀泪涟涟。何为忍心，览此哀编。

绝艳易凋，连城易脆。实曰能容，壮心是醉。信美堪餐，朝饥是慰。如何一旦，同心旷世？呜呼哀载！丰才富艺，女也克肖。采戏传能，奕棋逞妙。媚动占相，歌萦柔调。兹簌爱质，奇器传华。翠虬一举，红袖飞花。情驰天际，思栖云涯。发扬掩抑，纤紧洪奢。穷幽极致，莫得微瑕。审音者仰止，达乐者兴嗟。曲演来迟，破传邀舞，利拨迅手，吟商呈羽。制革常调，法移往度。翦遏繁态，蔼成新矩。霓裳旧曲，韬音沦世。失味齐音，犹伤孔氏。故国遗声，忍乎湮坠。我稽其美，尔扬其秘。程度馀律，重新雅制。非子而谁，诚吾有类。今也则亡，永从遐逝。呜呼哀哉！该兹硕美，郁此芳风。事传遐禩，人难与同。

式瞻虚馆，空寻所踪。追悼良时，心存目忆。景旭雕甍，风和绣额。燕燕交音，洋洋接色。蝶乱落花，雨晴寒食。接辇穷欢，是宴是息。含桃荐实，畏日流空。林雕晚辇，莲舞疏红。烟轻丽服，雪莹修容。纤眉范月，高髻凌风。辑柔尔颜，何乐靡从？蝉响吟愁，槐凋落怨。四气穷哀，萃此秋宴。我心无忧，物莫能乱。弦乐清商，艳尔醉盼。情如何其，式歌且宴。寒生蕙幄，雪舞兰堂。珠笼暮卷，金炉夕香。丽尔渥丹，婉尔清扬。厌厌夜饮，予何尔忘？年去年来，殊欢逸赏。不足光阴，先怀怅怏。如何倏然，已为畴曩？呜呼哀哉！孰谓逝者，荏苒弥疏。我思姝子，永念犹初。爱而不见，我心毁如。

寒暑斯疚，吾宁御诸？呜呼哀哉！万物无心，风烟若故。惟日惟月，以阴以雨。事则依然，人乎何所？悄悄房栊，孰塈其处？呜呼哀哉！佳名镇在，望月伤娥。双眸永隔，见镜无波。皇皇望绝，心如之何？暮树苍苍，哀摧无际。历历前欢，多多遗致。丝竹声悄，绮罗香杳。想淡乎叨怛，恍越乎悴憔。呜呼哀哉！岁云暮兮，无相见期。情眷乱兮，谁将因依！维昔之时兮亦如此，维今之心兮不如斯。呜呼哀哉！神之不仁兮，敛怨为德；既取我子兮，又毁我室。镜重轮兮何年，兰袭香兮何日？呜呼哀哉！天漫漫兮愁云暗，空暖暖兮愁烟起。峨眉寂寞兮闭佳城，哀寝悲气兮竟徒尔。呜呼哀哉！日月有时兮，龟蓍既许，萧笳凄咽兮旂常是举。龙辀一驾兮无来辕，金屋千秋兮永无主。呜呼哀哉！木交枸兮风索索，鸟相鸣兮飞翼翼。吊孤影兮孰我哀，私自怜兮痛无极。呜呼哀哉！夜寤皆感兮，何响不哀？穷求弗获兮，此心隳摧。号无声兮何续，神永逝兮长乖。呜呼哀哉！杳杳香魂，茫茫天步。抆血抚榇，邀子何所？苟云路之可穷，冀传情于方士！呜呼哀哉！

之所以要把《昭慧周后诔》独自列出，笔者是怕作为一个讲述者破坏了李煜对娥皇的诉说。

《昭慧周后诔》全文过千字，大多四字一言，类似诗经，遣词造句中很多也是从诗经中化用。字字出自肺腑，令读者难以自持。

李煜写完此诔，落款为"鳏夫煜"。

李煜除为周后写了这篇祭文外，还不顾娥皇薄葬的请求，诏令为娥皇举行厚葬。

北宋乾德三年（公元965年）正月，葬昭慧后葬于懿陵。

娥皇乾德二年十一月病逝，正月正式下葬。时间之长，也证明李煜是悉心安排娥皇的丧葬的。

他是舍不得娥皇走的，他希望娥皇棺木伴于他身侧。他不想她长眠于地下，黄泉路苦寒！

李煜除却做《昭慧周后诔》，又写《挽词》两首：

珠碎眼前珍，花凋世外春。

未锁心里恨，又失掌中身。

玉笥犹残药，香奁已染尘。

前哀将后感，无泪可沾巾。

艳质同芳树，浮危道略同。

正悲春落实，又苦雨伤丛。

秾丽今何在，飘零事已空。

沉沉无问处，千载谢东风。

　　睹物思人，李煜看到乐师手持琵琶，心里又浮起娥皇盈盈弹唱琵琶的影子。他心绪浮动，微一叹息，空留琵琶，伊人已逝。

　　"侁自肩如削，难胜数缕绦。天香留凤尾，余暖在檀槽。"余香袅袅，究竟谁识得此间滋味？

　　冬来雨雪霏霏，玉梅飘香；春来百花争艳，落红纷飞；夏来芙蓉初绽，柳烟凄迷；秋来霜寒草落，水波不兴。

　　冬来他吟墨梅，念的思的还是她：

　　殷勤移植地，曲槛小阑边。　共约重芳日，还忧不盛妍。阻风开步障，乘月溅寒泉。谁料花前后，娥眉却不全。失却烟花主，东君自不知。清香更何用，犹发去年枝。"

　　亭前春逐红英尽，舞态徘徊。细雨霏微，不放双眉时暂开。　绿窗冷静芳香断，香印成灰。可奈情怀，欲睡朦胧入梦来。

　　一曲《采桑子》，李煜自语："你若怜我，不该行得这般早。"

　　李煜纵目远眺——花谢花飞，红英漫天。你的影子在天空中飘逝，独留我一人浮沉天地间。

　　再也不见你的蛾眉，任凭烟雨凄迷我的眼睛，明月惹我再醉几场：

　　又见桐花发旧枝，一楼烟雨暮凄凄。

凭阑惆怅人谁会？不觉潸然泪眼低。

层城无复见娇姿，佳节缠哀不自持。

空有当年旧烟月，芙蓉城上哭蛾眉。

　　李煜闭上眼睛，心意已然。就此，年年岁岁，岁岁年年，花开花落，云卷云舒……

第五章　宫中新景气

生命中有人在逝去，又有人在闯入。于是乎世人大多徘徊在忘记与追忆、怀念与感伤之间。李煜潇洒，行者无疆。对于新的景致，他选择珍惜眼前的靓丽美好。沉醉当下，一头栽进去，再也无法自拔。

一　新得周后

最是那一低头的温柔

"三千佳丽，专宠椒房！"娥皇在世时，李煜虽是风流才子，可一颗心始终悬在她身上。

娥皇是国后，"雨露均沾"的道理她懂。因而李煜也和别的妃子相交甚好，后宫算是平衡的。

打破这一平衡的是周嘉敏，娥皇十五岁的亲妹妹，周宗的第二个女儿。

周嘉敏后来也登上了后位，史上称为"小周后"。

小周后的出现，并不是偶然的。细细推究历史，李煜的春风一度，可以解释成一场精妙并有预谋的安排。

李煜和娥皇结亲的时候，小周后刚刚五岁。那时李煜和娥皇伉俪情深，小周后也得到格外照应，常常入宫探望姐姐、姐夫。那时候的小周后梳着垂髫小髻，一双眼睛水灵灵的，十分讨喜。莫说娥皇和李煜喜欢她，把她捧在手掌心上，就连李煜母亲圣尊后也对她爱不释手，命人要常常携小周后入宫小住。

后来小周后与家人一起迁居扬州，远离了京城，暂时告别了南唐的皇宫。

正是因为久别，再次见面时，李煜不会想到，当年那个躺在他怀里嬉笑哈腰的女娃已出落得亭亭玉立落落大方了，这会是怎样的惊艳！

小周后再次入宫，名义上是专程从老家扬州前来金陵探视姐姐娥皇的病情。然我们深入探究，好像并非如此简单。

小周后的父亲周宗辞官后是个商人，十分精于算计。在他功成身退留居一方之时，他又能避免战祸，明哲保身。当日南唐和后周的战事初起，留守东都的他为免受战火殃及，主动辞官归故。后东都果真沦陷，留守的冯延鲁被后周俘虏。经历重重波折才得以还归南唐，此时周宗已逝。当时的冯延鲁气恼地抚着周宗的棺材盖哭道："您老真是大滑头啊！来得是时候，去得也正是时候。"

周宗做的是货通全国的生意，处处要与官府打好交道。大女儿娥皇当上皇后，这也是对家族生意最好的照承。

俗话说："一荣俱荣，一损俱损"，娥皇病重，若是一旦亡故，整个家族也要败了。这实在不是周氏家族想看到的，有意无意地，他们把眼光投向了天真美丽的周嘉敏。

天真烂漫的周嘉敏自然不知道家族利益谋划，但她已处在情窦初开的年纪。在众人口口相传和耳濡目染中，她也对那位居于帝位、风流倜傥、气度华贵且才华横溢的姐夫抱着仰慕的心思。

小周后入宫得到姐夫李煜的预先关照，特意将她下榻的场所安排在瑶光殿别院的一座幽静画堂里。

一天中午，李煜午休之后，身着便装去看望小周后。为了不惊扰小周后，同时也想逗逗这个可爱的小妹妹，给她一个意外的惊喜。他对正要福身行礼的宫女摆摆手，示意她们噤声，不要惊扰到她。

来到画堂门口，李煜见堂内静寂无声，更有了些要惊惊这个妹妹的兴趣。他轻轻推开虚掩的门，小声地撩起书房的珠帘。惊鸿一瞥，美人如玉。暖香袅袅，李煜的心突突直跳！

是她吗？李煜想放下珠帘，转过身子去。手却怎么也不听使唤了，他的眼又向里侧榻上瞄去。

最先映入他眼帘的是那对随着呼吸起伏的酥胸，突兀高傲。而薄如蝉翼的睡衣前绣着的几朵粉红的含苞待放的荷花，如同真实一般。李煜长吸一口气，好像闻到了芙蓉的香味儿。

李煜探着脑袋，看得仔细些。黑亮如墨的秀发散落枕畔，白嫩如脂的藕臂微微蜷缩……李煜心里一阵狂跳，讶异惊艳之色溢满面庞。此时珠帘一卷，清脆的响音惊醒了榻上美人，也将神思游走的李煜拉回了现实。

美人张着嘴巴讶异，自己的姐夫何时来的？

李煜也直勾勾地看着，四目相视。小周后这时才惊觉自己穿着随意，赶紧掩着酥胸，面色因害羞染上红晕。无意间抬眼，又撞见李煜亮堂堂的双眸！

"本想看看小妹在这画堂过得可好，不料惊动了小妹的好梦，真是抱歉之至！"李煜硬着头皮走近慌张又娇羞的小周后，小心地解释。

"不知陛下光临，请恕小妹未曾迎驾之罪。"小周后低腰福身，那雪白柔嫩的酥胸又刚巧撞进李煜眸间。李煜干咳一声，掩饰自己的失态。小周后惊醒，忙向姐夫施了一礼后退向屏风后罩上外衫。更衣之后，二人神色依旧十分尴尬。小周后面颊犹是绯红，不敢与姐夫对视。李煜邀小周后坐下，又借机转移话题，便对小周后说起姐姐娥皇近日的病情。

谈话之中，小周后自始至终低着头，宛如一朵不胜凉风的水莲花。而李煜的眼神殷切炽热，隔着青丝，小周后还是能感觉到姐夫那如火的目光。

小周后紧着手，不敢加重呼吸，可脑海中姐夫的影子挥散不去。她渐渐鼓起勇气，稍稍抬头。有意无意地和姐夫的目光相迎交汇，她望着李煜的眼。李煜被她一瞧，心难以镇定，呼吸也跟着急促。

小周后对着李煜绽放出如花的笑靥，嫣然一笑百花迟！李煜心神荡漾，一时说不出话，却听小周后细细如莺燕的声音说道："小妹打小望着陛下，就觉得陛下眼眸和小妹看到的其他人不一样。到今日才明白，陛下的一双眼睛和大舜的眼睛是一模一样的！"

小周后长吁一口气，为自己的胆大，也为自己精巧的夸赞！她在心底暗忖："姐夫呀姐夫，小妹打小就认定你的眼睛和凡夫俗子不一样的！我拿你和舜比，你开心不？"

"是啊，人们将他与唐尧和夏禹并称三代，那是天下为公的时代。他不但是有名的圣君，还有一个人人艳羡的幸福美满的家庭呢！"

"幸福美满的家庭？"小周后是聪明的女人，抓着幸福的字眼不放！

"他有恩爱的一后一妃，这一后一妃不但有倾国倾城之貌，而且都对他一往情深。王后叫"娥皇"，和你姐姐同名；王妃叫"女英"，是娥皇的胞妹。她们姐妹俩双双嫁给了舜帝，舜帝南巡时病死于苍悟山，她们姐妹俩哀毁而死。姐妹俩的眼泪洒在竹子上，后来的竹子就出现了斑点，后人叫做'湘妃竹'。我不想做什么圣君，只想和大舜一样有一对美丽多情的后与妃，此生幸福美满足矣。"李煜说完，小周后低头深思，并不回答。

李煜轻笑了声，见小周后抬起眼眸，又专注深情地望她："娥皇女英，这自然使我想到了你，你也应该与你姐姐同享这宫内的荣华富贵。"

这话是承诺吗？小周后心绪翻涌。姐夫的弦外之音如此明显，她是要自己当他的女英吗？

李煜说起这话，思及娥皇女英，又念叨起娥皇。自感今日自己有些冲动了，便匆匆离去，独留小周后一人兀自发呆。

澄心堂本取意于《淮南子·泰族训》的"学者必澄心清意"，可今日的李煜怎么也不能澄心清静。居于批阅奏章和决议国事的宫闱禁地，李煜的思绪浮游，一颗心始终悬在小周后的身上，小周后的眼波、酥胸和玉肌一次次滑过他的眼眸……美人香在侧，李煜凝神屏息，一首《菩萨蛮》流于纸上：

> 蓬莱院闭天台女，画堂昼寝无人语。抛枕翠云光，绣衣闻异香。　潜来珠琐动，惊觉银屏梦。脸慢笑盈盈，相看无限情。

书罢此词，李煜便派宫女将这首词送给小周后。小周后看完这首词，心里虽惴惴不安，但也暗自欢喜，姐夫说的娥皇女英并非一时戏言！

"脸慢笑盈盈，相看无限情。"小周后默念，姐夫是心甘情愿，他们俩是两情相悦的！

多么含蓄，多么浓烈，又是多么的措手不及！小周后想起姐夫亮堂的双眸，华丽的气韵，心里一阵激颤！她的少女情思在这一刻开始释放。李煜这首词撩拨得小周后整日心热脸红，坐卧不安。她会无缘无故地遐想，开始有意无意地照镜子。她望着镜中自己，悠然散下发髻，任着三千青丝如瀑开散。纤纤玉手颤抖着攀上自己的腰身，自己的胸脯。每一寸都幽深窈窕，晶莹如玉。

轻轻摩挲胸脯，小周后挑逗着酥胸。如此匀称精致，诱人高兀如仙桃。

勾起笑靥，明眸闪着诱惑的琥珀光。唇如两瓣桃花，米粒细牙密齐，她竟是如此妖艳！

她如一只妖精，对自己有十足的把握！

李煜的确是被妖精蛊惑了！娥皇的确令他动心，他也深爱着这位才华横溢且蕙心兰质的美丽女子。可他毕竟是男人，他想要一个能令他狂暴无所忌惮，给他酣畅淋漓的情爱和欲念的女子！

热恋的火焰炙烤着他，他实在不能坚持下去了。李煜张狂地想抛弃繁文缛节，他想做一个彻彻底底无所顾忌和无所拘束的男人！何况，他是君王。以帝王之尊，他尚能喝令天下，"普天之下，莫非王土；率土之滨，莫非王臣"。小周后是他的，她是他的！

他告诫自己要冷静，毕竟娥皇还在病榻之上，嘉敏还是她的妹妹。但一想起禁欲的滋味，他的心又要狂跳如雷！

那只是半遮半掩的一抹艳色，他想要更多。他想来得彻底，他想一窥究竟！

如此诱人，如此魅惑，他太想要她了！

"妻不如妾，妾不如婢，婢不如偷，偷不如偷不着。"如此艳色，一旦错过，是不是便不会再待他了，哪怕他是帝王？

两人若是情意想通，那便会一拍即合。爱情的力量是谁也挡不住的，南唐宫闱这处夜火，会烧得熊熊！

月下笼轻雾，最是销魂

在表明心迹后，李煜开始为小周后安排别开生面的歌筵活动，拉近彼此的距离。

两颗心也在歌舞声色中，碰撞出更炽热的火花！

李煜为这歌筵可是下足了工夫！

首先，他特地命人将歌筵安排在清辉殿。这不仅是为了表明自己这几日的心情，更重要的是勾起小周后的兴趣。"清辉"取自唐人张九龄《赋得自君之出矣》诗中的一联："思君如满月，夜夜减清辉。"如果小周后知晓，定会明白自己的相思之苦。

接着，李煜还不失时机地表现自己的体贴。他知道小周后酒量有限，又想起娥皇当日不胜酒力病倒，至今还卧于病榻。他于心不忍，便事先令教坊加重舞乐气氛。因而是夜歌舞，既有舒缓柔美的南唐歌舞，又有雄浑浩荡的羯鼓胡乐。但李煜最有把握取悦小周后的，还是自己和娥皇编排的《霓裳羽衣舞》。

《霓裳羽衣舞》的确惊艳全场，小周后拍掌叫好之后，心里有些失落。她知晓复原《霓裳羽衣曲》的是自己的姐姐，心下相较，觉得自己才学实在是比不上姐姐。李煜见着小周后神色哀伤，心里满是怜惜，靠近小周后面前安慰："听你姐姐说，小妹也精通'吟商逞羽'。尤其是擅长玉笙，不知能否露一手，让我饱饱耳福？"

小周后面上推托，说得含蓄："小妹自幼虽习玉笙，但学艺不精，怕是会被陛下看了笑话！"

李煜见她推辞，俏丽的脸蛋染上红晕，心里一荡。再也不顾小周后推脱，吩咐宫人："速备玉笙！"

小周后从宫女手中接过十三簧玉笙，向着对桌的李煜微微一笑。见李煜满是期待地望着自己，目光炯炯，心也安定了些。她试着吹了几声，然后又抬眸和李煜相视，顺从地吹了起来。

李煜痴痴地望着手持玉笙的小周后，她认真的神态和娥皇多么地相似？

听着娥皇的琵琶，他的思绪是随着她的曲调游走的；而对着小周后，他的思绪却是游离在曲调之外的。

他醉倒在小周后的眸间，醉倒在小周后明艳的笑意间，醉倒在那方云鬓里。

小周后所奏是唐人张若虚的《春江花月夜》，江流月色、白云青枫、扁舟高楼……所有的江景流过，倒映在李煜眼眸的只有小周后娇小却独有风韵的身影。她的回眸一笑，她的惊鸿一瞥，她的皓齿明眸……

随着玉笙之音，李煜想起令他怦然心动的珠帘下的一瞥，想起小周后起伏的胸线，想起她娇弱微喘的呼吸，他的呼吸渐渐变得紧凑……

此时俏皮的小周后探出眼睛望向自己的姐夫，李煜心魂荡漾。仿佛已忘记自己正居于正座，已然来到小周后身侧。浅闻她的发丝，亲吻她那如新月般的眼眸……

曲终众人齐声喝彩，掌声雷动。李煜如梦方醒，不由啧啧夸赞："实在是令人陶醉！听了小妹的演奏，方知孔夫子何言'闻韶乐，三月而不知肉味'。"

小周后见李煜神色犹如从梦中惊醒，圣尊后又是满脸笑意，心里颇为得意。当下俏皮地向李煜撒娇，要李煜填词一首。

李煜神态自若，笑道："曹子建七步成诗，也不过即兴吟了一首五言绝句。小妹要我怎一气呵成上下两阕，实在是考验！不过盛情难却，我也只好勉为其难了。"

李煜不久工夫，便吟出了《菩萨蛮》。才学功夫堪比曹子建，小周后对姐夫又上心了些！

　　铜簧韵脆锵寒竹，新声慢奏移纤玉。眼色暗相钩，秋波横欲流。　雨云深绣户，未便谐衷素。宴罢又成空，魂迷春梦中。

小周后听完姐夫吟唱，她读懂了词的上半阕中李煜和自己秋波频传。可这下半阕，自己就有些不明白姐夫究竟意有所指什么了？

李煜却是淡然一笑，那样的美梦，只需由自己编织，何须告予他人？

不过李煜的心思，怎么也瞒不过圣尊后的眼睛！她是个精明的老太后，知晓儿子与小周后的心思。她老太太心里也是高兴得很，她可喜欢小嘉敏了！

收了作为媳妇，不仅是成人之美，也是成她老太太之美。于是这位聪明的老太太推脱自己身体不适，叮嘱小周后留下代她赏花。

李煜对各种名花也是颇有研究，他给小周后讲述那几盆由庐山古刹主事贡献的华贵稀有的麝囊花，又向小周后谈论张翊编的《花经》和历代描写花的词句……二人徜徉在花的世界花的海洋。小周后宛如翩跹蝴蝶，扑闪双翅，飘飘欲飞；而李煜则如一只点水的蜻蜓，在和蝴蝶漫舞中，轻轻地拨弄着美丽蝴蝶的心弦。

殿外飘起雨丝，李煜细看此时的小周后散发着丁香的味道，那是他喜欢他沉醉的味道！

临近分手时，李煜情不自禁地牵起小周后的手，凝望她的眸子。并且摊开她的玉手掌心，一字一字地书写着他刚写的《子夜歌》：

> 寻春须是先春早，看花莫待花枝老。缥色玉柔擎，醅浮盏面清。 何妨频笑粲，禁苑春归晚。同醉与闲评，诗随羯鼓成。

"寻春须是先春早，看花莫待花枝老"！小周后是慧心人，一眼便看出其间的深意。这诗可换做"有花堪摘直须折，莫待花落空折枝"，更进一步是"不如怜取眼前人"。小周后的思绪继续游走在这首诗上，她想起了杜牧的《叹花》诗。传说晚唐诗人杜牧，年轻时路过潮州与一位少女相遇，两人一见钟情。杜牧当时碍于少女年龄偏小，不宜成亲，便决定十年后再来娶她。不想十年后石榴结子的时节，杜牧旧地重游。发现那位少女已经嫁人，成了两个孩子的母亲。杜牧对此感到十分懊悔，信手写下一首《叹花》诗：

自恨寻芳到已迟，昔年曾见未开时。如今风摆花狼藉，绿叶成荫子满枝。

小周后思量着李煜和自己十三岁的年龄差距，姐夫的心思是如果自己不果敢些，二人的情意是否就如杜牧一样，空留一生叹息？

想起李煜以娥皇女英比做姐姐和自己，小周后心又激颤不已。姐夫犹如舜帝转世，如果嫁与他，一生可安享富足。

可是，小周后心里始终有个结，他毕竟是姐姐的男人！此时姐姐正处于病中，她怎可在此时夺走姐夫，这不是趁火打劫和落井下石吗？她告诫自己，千万不可做出伤害姐姐的事，千万要守住自己。

闭上眼睛，李煜清俊的眉眼和落拓的笑颜又浮现在心口。小周后痴痴地想，姐夫待我至此，我真当无半分愿意？

不是的，她肯定地从脑海中抹去这个答案。她愿意的，愿意接近他，愿意靠近他，愿意爱上他！

她的心已沦陷！

画堂南畔有移风殿，鲜少有人光顾，内设有床榻。

在接到李煜的书札密约后，小周后便开始在画堂内踱步。半夜幽会移风殿，她该如何是好？

该去吗，不该去？小周后一遍遍地问自己，急得自己都快哭了。毕竟她才十五岁呀！如果她去了，那她可以拥住自己的姐夫，投入她向往已久的怀抱。两人再无拘束，可她的清白的处子之身还能保全吗？如果她不去，她可以当这只是十五岁人生的美好艳遇和豆蔻情思，以后她还会遇上爱她之人，二人相携至白首不离。可除却风流潇洒和才高八斗的姐夫，她这一辈子还有男人可入眼吗？如果她去了，她可以名正言顺地成为他的"女英",成为她高贵的妃子。可他是帝王,会不会有一天始乱终弃,将她丢弃于后宫一角?如果她不去,得罪的就是南唐的帝王。那时纵然他是她的姐夫,她也无可避免地将直面帝王的权势。以后在南唐的生活会否步步惊心,险象环生?如果去了,抓住的可能是一辈子的幸福。从此居于后宫之上,为她的家族带来无限的荣耀。她是否可依靠圣尊后的偏宠,一朝成为与姐姐相比肩的人物?如果她不去,那她错失的可能是一辈子的幸运。再嫁与他人,那人再也不可能是她生命中第一个令她动情的男子。她又何必将第一次保留得如此彻底,徒添一世遗憾?

至少他是第一个走入她心扉的男子!她鼓起勇气,终于随着自己的性子,赴约移风殿!

云鬓松松挽就,铅华淡淡妆成。青烟翠雾罩轻盈,飞絮游丝无定。小周后好好梳洗打扮了一番,夜半走在小径上。轻抬眉眼,玲珑之月,今日好时节!

小周后精心挑选了一双金缕鞋,本是极其可爱的铃铛此时踏在石板,发出脆生生的响声。无奈的小周后只能脱下金缕鞋,提在手上,亦步亦趋地走在树影婆娑的小径中。待他走到时,素白的锦袜袜底已沾满了泥迹苔痕。

小周后尖着脑袋张望,这时背后忽然被人一拦腰。她惊呼地想喊出声,樱唇已被人堵住。

李煜的吻夹杂着热烈的气息,小周后几乎喘不过气来,她有些害怕地缩着脖子咬着牙齿。李煜却丝毫不放松,一步步地侵入。待她的舌尖和他的舌尖交缠,她的舌头弥漫了他热烈的气息,他这才放过了她。

小周后面色娇羞,秋水明瞳如汪泉眼,月光下要溢出水来。李煜亲吻她的眉眼,对着她耳际呢喃:"我等这一天好久了!"

他小心地将小周后放于床榻之上,她的身子紧的像快石头,丝毫不动弹。李煜星眸熠熠，他小心怜惜地爱抚她。他小心地褪去她满是泥苔的袜套，露出她小巧美丽的脚底板。

她的脚底板都有些泛红了呢！李煜心酸，将小周后脚尖揽入怀中，轻揉着她的脚底板。

"还疼吗？"李煜一步步逼近，剑眉一扫。那笑容如阳光，满是怜惜。

小周后转动身子，胸口又恰如其分地落下一片雪白。她晃头，发髻又在此时松了，三千青丝落于耳鬓。

李煜怜惜地望着她，英俊的脸上渐渐染上情欲的光泽，揉搓着小周后玉足的手开始一步步向上侵入。

捏住小周后正欲理云鬓的手，李煜将她纤细的上身往自己胸口使力一靠，小周后安分地贴紧他厚实的胸腔。

腰处开始散乱了，小周后的眼神也开始迷离。带着仅存的念头，抱紧李煜说："愿为陛下的女英，我将把女儿家的一切都交给你，任你恣意地求。只愿君心似我心，白首不相离。"

李煜深深地凝望小周后，发现她的眼睛已弥漫了泪水。他心里满是怜惜，将她拥得更紧了……

鸳鸯帐抖落，落下了一室旖旎。

春风一度后，李煜除却得到了满足和骄傲外，还多了份责任。

李煜是风流才子，一夜缠绵过后，意兴犹在，又写了首《菩萨蛮》：

> 花明月暗笼轻雾，今宵好向郎边去。袜步香阶，手提金缕鞋。 画堂南畔见，一向偎人颤。奴为出来难，教君恣意怜。

李煜有才，可也锋芒毕露。在他欣享爱情美好之时，他却忘记了自己的身份。他还是小周后的姐夫，他名正言顺的妻子是娥皇！

李煜的词虽是传给了小周后，可宫中人杂，难免会走漏了风声！娥皇听闻这样艳情的诗词之后，不可能不对丈夫怀疑。可她性格谦让，丈夫给的苦痛她都一个人扛着。

可她毕竟是人，是一个有血有肉的女人。她有教养，不可能当着丈夫的面质问。可她也不能憋着，由着丈夫在自己生病之时胡来！她内心苦闷，却无处可诉。直到性情开朗的妹妹来到瑶光殿探视她，她才有些惊喜。

"小妹何时来宫里的？"本是客套的寒暄问话，却得到小周后"已经多日，姐夫派人接我的"的回答，娥皇的心如坠寒冰。

"姐姐……"小周后唤着姐姐，娥皇却转过头，面侧向墙壁不再说话。

小周后懊丧地咬咬唇，暗骂自己千不该万不该……再望望姐姐决绝的模样，心里也知晓，姐姐是不会再原谅她了！

"姐姐……"小周后望着娥皇，对着她的背影殷切道："望姐姐早日康复，姐姐病好了，妹妹一定回扬州去！"

娥皇闭上眼睛，泪水顺着脸颊滑落……她的心在颤抖，小周后松散俊秀的眉毛在她眼里格外清晰，李煜的眉眼又在心头浮现……

"妹妹……"

"煜……"

力排众议大婚宴

娥皇病逝后，小周后正式进入李煜的生活。十五岁的小小年纪，她再也不该是一位天真无知的少女，她必须站在李煜身边，和他共担风雨。她承担起娥皇作为妻子的责任，宽慰陷入丧妻之痛的李煜。她还作为一个温柔慈爱的母亲，悉心教诲娥皇留下的孩子仲寓；除此之外，她还要侍奉圣尊后，让老人安心享受天伦之乐。

小周后身上既有少女的纯真烂漫，又结合了她姐姐贤淑端庄的特质，为此更得圣尊后欢心。圣尊后多次有意无意地在李煜面前提及"续弦"之事，可李煜碍于娥皇过逝不久，和小周后大婚不应该操之过急。

娥皇死后，李煜的确痛心消沉，可他也是喜欢小周后的。为了让小周后安心，也为了表现君王的"言出必行，一言九鼎"，他下诏言明小周后具"四德"，应居中宫之位，"待年"成礼。

所谓"待年"，是指小周后年纪尚幼，才十五岁，应该等到成年才共结鸳盟。

可惜，天意弄人。小周后愿等，可圣尊后却等不及了。她在娥皇病逝的第二年九月，也随娥皇驾鹤西去了。按照当时传统，父母过世，儿子应行"守制"——谢绝人事，在家守孝三年。

守制期间，不得操办婚事！李煜是帝王，照例不能例外！小周后也只能继续待年。

这次延长的"待年"一延就是三年呀！三年过后，小周后已是十九岁了。出落得更加美艳，气韵也更加妖娆了。娥皇十九岁嫁给了李煜，似乎冥冥之中有天数。小周后也该和姐姐一样，在这年纪嫁与李煜。

哪个女人不想有正式的名号呢？

小周后和李煜在一起，虽然承着李煜的恩宠，过着"有实无名"的夫妻生活，可他们名义上还只是"姐夫和妻妹"。小周后从小都是被人捧在手心里的，面对今天的尴尬，心里也是憋屈的，她受罪呀！

李煜何尝不知道小周后的苦处，他也想博得美人欢心。三年守孝期满，李煜便开始大张旗鼓筹备和小周后的婚宴。

他是帝王，他将以帝王之姿娶小周后，这在南唐首开先例！南唐前两位君主的婚事都是在登极前完成的，登位后元配自然晋位为皇后，李煜和娥皇的婚事也该归类到这一模式。

但小周后不同呀！李煜当时是南唐的主，事实上的皇帝。这是帝后的婚礼，怎么也要办得隆重！

无先例可寻，那便以史为鉴。李煜命太常博士陈致雍去仔细查究历朝历代皇帝婚宴，作为参考借鉴。力求将婚宴办得风光体面，留名青史，为后世所传诵。

可笑的是，李煜翻史书是为了自己的大婚宴，却不寻求治国之道。太宗所言"以铜为镜，可以正衣冠；以人为镜，可以明得失；以史为镜，可以鉴兴替"对李煜而言，那简直浮于表面了。

李煜不察百姓疾苦，在百姓居于水深火热之时，为了取悦小周后，不惜举全国之力操办这场婚宴。

当时南唐发生大饥荒，饿殍遍地。百姓怨声载道，实在无力负担沉重的赋税。对帝后声势浩大且倾尽全国之力举办的大婚宴，实在没多少好感。可人微言轻，多数百姓敢怒不敢言！

幸好还是有几个有胆识之人站出来为百姓说话，当时德高望重的老臣徐铉和少年志满的新宠潘佑就帝后婚宴发生了激烈的争执。徐铉反复强调国难当头，财力拮据，李煜作为南唐国主，应该以百姓为念，不该铺张。他还直言娶小周后是续弦，不是初娶，应当尽量从简。潘佑则唱反调，附和李煜。他主张这是国之大事，南唐立后是难得的喜事，应该办得隆重盛大。

以下是二人激烈的唇枪舌剑。

徐铉不服："婚礼古不用乐。《礼记·曾子问》有言：'嫁女之家，三日不息烛，思相离也。娶妇之家，三日不举乐，思嗣亲也。'"

潘佑则反驳："孟子曰：'尽信书则不如无书。'今古不相沿袭，当因时制宜，婚礼还是用乐为好。"

徐铉说："古来房中乐不设钟鼓。倘若举乐无钟鼓而只有琴瑟，岂不近于不举乐？"

潘佑反驳："既然用房中乐，就必备钟鼓。这于古有证，《诗经·关雎》云：'窈窕淑女，钟鼓乐之'。"

二人又议及男女交拜之礼，徐铉说："此礼有先例可循，《后魏书·礼志》曾说：'后初见君，先拜后起，帝后拜先起。'行夫妇之礼，乃人伦之本。事关上祀宗庙，下继后世，即使人君亦不可例外。"

潘佑对此仍持异议，他说："此礼纯系士庶之礼。王者岂可与庶人相提并论？人君乃天之骄子，无须屈尊交拜。"

从二人的争论中，我们还是不难发现潘佑处于攻势，而徐铉处于守势。对于婚宴中是否用乐的争论尚且可以看做是对花费民力的考虑，而对于交拜之仪的争论那就只是单纯对新郎新娘该行礼节的争论了，无关民生。

狡猾的陈致雍，两方都不得罪，便邀李煜定夺。李煜心里是向着潘佑的，可要他说出来，那又有偏袒徇私之嫌了，因此他只得把包袱甩向了专典宫中营缮之事的老资历徐游。

徐游是徐温的孙子，徐温又是李煜祖父李昪的养父。李煜选他裁决，一方面看中他的名望足以使大臣信服；更重要的是徐游善于推测自己的心意，不会拂逆自己的意思。果不其然，徐游投李煜所好赞同潘佑的主张，自此李煜和小周后的婚宴开始紧锣密鼓地筹备。

我国古代婚礼需经纳采、问名、纳吉、纳征、请期和亲迎等六道手续，李煜和小周后的婚礼，这六道程序一道没落下！

可这几道程序下来，我们还是看出不少笑料。小周后和李煜是为了结婚而结婚的，图的是气派欢喜。对于一对已有夫妻之实的鸳鸯来说，这些庄重而烦琐的程序并无实质意义。

按照《礼记·昏义》定义的"纳采"，指的是男家托人向女家提亲。如果得到女家同意，男家再下聘求婚。按规定在这一过程中，男方必须向女方赠送大雁，这也就是所谓的"奠雁"。"鸿雁传书"指的是大雁能传情，减除相爱之人的相思之苦。雁是爱情和忠贞的象征，不巧的是，当时正值深秋，南唐境内并无大雁。李煜命人四处网罗无果后，居然下诏以鹅代雁，于是南唐百姓便可看到李煜派往扬州纳采的官船上有一只全身上下被明黄丝带包裹得像镶了金的一只大肥鹅立于船头。

至于"问名"，则是指男家携带礼品去女家询问女方的姓名和生辰，尤其是询问女方的生辰八字。古代夫妻在结亲之前大多是"父母之命，媒妁之言"，细致询问无可非议。可李煜是看着小周后长大的，说句恶俗的，他连小周后身体都摸得清清楚楚。小周后这些最基本的信息，他还拿出来问岳父岳母大人，实在是冠冕堂皇到无以复加了！至于"纳吉"，是指男家根据女家提供的女方八字，结合男方的八字，经过占卜确定吉凶。如果是吉兆，那男方便得再备礼品前往女家，正式确定两家结亲。至于纳吉这一点李煜娶小周后是下了巨大决心的，哪里会因为吉不吉作罢？从这一点，我们也可以推测，李煜和小周后结亲的"吉兆"可能是注定的，也可能是暗箱操作的。"纳征"是男家向女家下聘，正式订婚；所谓"请期"，则是男家择定吉日，请求女家赞同婚期。就请期来说，李煜和小周后等这天等了三年，二人都迫不及待，因此日子应该是越早越好！所谓"亲迎"，便是男家吉时到女家迎娶。

李煜和小周后的"亲迎"大典，全南唐百姓都看着，李煜在这点上绝对没有也不会掺水！阳光熹微，皇家规格最高的仪仗便从南唐王宫出发，前往小周后在金陵的暂居处迎娶。七十二对绛纱宫灯陪衬下，凤辇如飞舞在金陵城的凤凰。璀璨闪耀，光彩夺目，流光溢彩；皇家侍卫整齐列阵，步伐矫健，整齐划一；宫廷美婢簇拥前后，眉眼含笑，粉衣飘香。丝竹鼓乐鸣于两侧，喜气洋洋。闹而不噪，引得百姓啧啧称赞。十里长街，万户皆空。百姓翘首张望，想一睹新皇后的芳容贵态。有人踮起脚尖，有人叠起罗汉，更有甚者爬上高处……忽然人群中有人呼喊，有一处的屋顶人太多，直接把房子压塌了。处在房子屋檐下的几乎都殒命，立于屋顶的也被震伤！造成这样盛大的围观场面，除了因为今日是帝后的大婚迎亲仪外，更重要的是因为李煜平日出行都勒令戒严净街，人们都需回避。这次迎娶小周后是开禁的，所以引来百姓竞相观看。

小周后被迎亲队伍接入宫后，又和李煜一起行完该有的礼节，终于双双入了洞房。

洞房设在柔仪殿，柔仪顾名思义，以怀柔之心对待丈夫及姐妹。这也是小周后成为皇后之后，告诫自己的处事准则和治理后宫之道。

虽然今夜小周后和李煜是在柔仪殿洞房花烛的，但不得不说明的一点是，小周后相比较她的姐姐周娥皇，对"柔仪"这两个字的拿捏可实在是相形见绌。

柔仪殿内，极尽奢华。仅是焚香小鼎，就有把子莲、三云凤、折腰狮子、小三神、山互字、玉太古、凤口罂和容华鼎等几十种。鼎中所用香料，说出来也是令人咂舌的。这种香料要先取丁香、栈香、檀香和麝香各一两，甲香三三两，细研成末。继而匀和十枚鹅梨汁液，盛在银器中。用文火焙干，才能制造出这种南唐王宫独享的香料。

当李煜挑开小周后的盖头之时，他对望小周后的明眸，心里却是浮现另一双眼睛。

当初，他的心是怎样颤抖的！

小周后长大了，更漂亮更加妖娆，在他面前也更加独具风骚。饮完交杯酒，李煜面颊绯红。他醉了，醉得神志不清。

将小周后拥入怀中，他已分不清怀里的人究竟是娥皇还是嘉敏。

李煜又接连数日举行庆贺仪式，赐宴群臣。发放府库钱财，赐"天下大"，美其名曰"与民同乐"。

韩熙载等大臣对李煜接连数日的大兴婚宴颇为不满，纷纷写诗进谏。这些诗表面是庆贺帝后大婚的，其实质都是劝诫皇帝莫要再铺张浪费。即应以百姓为念，适可而止。李煜正值婚宴的喜庆时刻，心情极好。对臣下的讽谏既未采纳，也未责备。这些诗因为种种原因，流传下来的只有徐铉的四首：

《纳后夕侍宴》

天上轩星正，云间湛露垂。

礼容过渭水，宴喜胜瑶池。

彩雾笼花烛，升龙肃羽仪。

君臣欢乐日，文物盛明时。

帘卷银河转，香凝玉漏迟。

华封倾祝意，筋酒与声诗。

《纳后侍宴三绝》

时平物茂岁功成，重翟排云到玉京。

四海未知春色至，今宵先入九重城。

银烛金炉禁漏移，月轮初照万年枝。

造舟已似文王事，卜世应同八百期。

汉主承乾帝道光，天下花烛宴昭阳。

六衣盛礼如金屋，彩笔分题似柏梁。

诗的最后一句往往是画龙点睛之笔，徐铉这首诗也不例外。"天下花烛宴昭阳"，昭阳是指赵飞燕居住的昭阳殿，在这里比作小周后的洞房柔仪殿。赵飞燕是绝色的瘦美人，汉成帝在她的石榴裙下服服帖帖。这里并不指代李煜和小周后，但确实暗含了对李煜的劝诫；"彩笔分题似柏梁"，柏梁是指汉武帝时修建的"柏梁台"。当时的汉武帝怀念自己宠爱却早逝的王夫人，不惜巨资，在未央宫北修建了一个高台，以期盼在天上的王夫人能登临柏梁台和他相会。以香柏为梁，黄铜为柱。这样的奢靡和小周后柔仪殿的宝鼎成堆，焚香考究相比，并无二异。

李煜将这些当做单纯的诗作，心里虽然明白字里行间的深沉含义，但却不为所动。对于这些劝诫的大臣们，也只淡然相待，不打击也不亲信。

都说爱的反面不是恨，而是漠然。李煜对朝政漠然的态度，既激不起忠臣良将的热情，冒出抛头颅洒热血不怕死之辈；同样也勾不起奸佞之臣的欲望，滋出以忠义名义谋取利益陷害忠良之徒。

从这点上来说，南唐的朝政是荒的，缺少的只是耕作者。

而李煜，却不愿做这辛勤的耕作者，他还沉湎于自己幸福的婚宴中。

二　二度风流

虔求佛法，不负如来

李煜好佛法，与他的祖父和父亲相比，李煜大有"青出于蓝而胜于蓝"之势。

南唐的先主李昪在世的时候，佛教尚不能成大气候。到了他子孙手里，那实在是大灾祸！

李煜的祖父好佛法，也只在建筑新宫的时候请僧人做做法会，最大的举措也不过是令豫章龙兴寺的僧人智玄翻译佛经。

撇去李昪信佛不说，这些很平常的举措，跟兴教育办科举一样无可非议。

到了李景通手里，他把李昪佛经摸索得轻车熟路，深深地喜欢上了佛法禅宗。他经常与南唐有资历的禅师相处交谈，邀禅师们在宫中为他说禅。

小李煜就是在这样的环境中成长的，也可以说耳濡目染吧！

有一次，李景通玩得起兴，命人取来一箧绢与一柄剑，对僧人文益说："今天请你上座解说佛法，如果问答得当，赐绢一箧；回答如不当，赐剑自尽。"

文益是有深厚功力的，他面不改色地应下。

弟子僧深见师傅文益答应，便拿起李景通放置的绢，说了句莫名其妙的"鹞子过，新罗"的话就走了。李景通一头雾水，也不恼怒下令逮人。倒是埋头思量僧深的话，摸不着头脑就责怪自己没悟性，解不出其中的禅机。

李景通礼佛，说话也显得饱含禅理。一次，他问禅师无殷："大师从什么地方来？"

"从禾山来。"

"山在哪里？"

"人来朝凤阙，山岳不曾移。"

李景通儿子大部分早夭，他心里担心，便请木平和尚测次子李弘茂的寿数。木平和尚写了个"91"，结果弘茂活到十九岁就一命呜呼了。

到了李煜，那真是一发不可收拾了。在李煜早年的诗歌中就反映出他对佛教的信仰。除去年少时受李景通影响接触佛教之外，他还在躲避李弘翼过隐士生活时，借助佛法禅理来消除对现实的担忧和害怕。这些在他的《病中书事》和《病起感怀》中有所表现。可以从"赖问空门知气味，不然烦恼万途侵"、"前缘竟何似，谁与问空王"，以及"空王应念我，穷子正迷家"这些诗句中体会到。

李煜也和他父亲一样，将高僧请到宫里说禅礼佛。对于高僧，他细致体贴，照顾得无微不至。一次，李煜在小周后陪同下巡视僧舍，见沙弥正在削制"厕简"。厕简是长条形的竹制薄片，功用近似后世人们如厕解手用的草纸。李煜生怕厕简削制粗糙留下芒刺，扎伤禅师臀部肌肤，便信手拿起来在自己面颊上轻轻刮试，对稍有芒刺的便抽出来，嘱咐要重新削过。

李煜信佛还拉上自己的皇后，他和小周后二人经常头戴僧伽帽，身披红袈裟，在佛前诵经念咒。据传二人因为长时间顿首叩拜，额前结出淤血，起了肿块，李煜还笑称自己是寿星现世。

李煜信佛，朝臣也借佛教巴结。为了讨好君王，朝臣以实食戒荤标榜自己信佛崇佛。中书舍人张洎每谒见李煜，必对其宣扬自己学习佛法心得；韩熙载文采卓越，便负责为寺院撰写碑文；最夸张的莫过于武将潭州节度使边镐，在远赴边关途中也会下令设专车载佛。以便参拜，时人称其为"边罗汉"、"边菩萨"和"边和尚"。

李昪和李景通好佛法，但都没有出现过"佛法涉政"之事。李煜却将他对佛教的信仰当做政治决断的依据，这不仅是他个人迷信愚昧了，更是祸及百姓社稷呀！

对于官员上报死刑犯要求批准时，李煜竟在其斋戒之日别出心裁地在宫中设置"决囚灯"，以此判决。在这一天，李煜命人在宫中佛前点一盏明灯，称为"命灯"。如果该命灯彻夜燃烧，罪犯便可减刑免死；反之则要被统统处决。可笑的是，李煜的这个习惯还是举国皆知。富贵人家犯事，抓着这点空档，拿钱贿赂宫中的太监们。让他们多续香油，以此逃脱一死；对于家中有犯事的贫困人家，那也只有敢怒不敢言，敢想不敢行的份。他们贿赂不起，也保不起。史书记载，以这种方式免受一死的人还不在少数。可想而知的是，富贵人家孩子被拉去受极刑的大多是穷凶极恶且丧尽天良之徒。让这些人活着，也违背了佛家爱群的理念。

李煜对于犯事的佛家僧尼，更是"法外开恩"。这样的恩典，面上听着是为僧尼考虑，其实际还是出于对佛法的膜拜，不容他人轻易背叛。遇有僧尼淫乱宿奸和住持欲按常规惩治，将他们驱逐出寺院。李煜闻讯便出面为他们开脱："僧尼毁戒，本图婚嫁，亦是七情六欲使然。今若将此辈革除僧籍，还俗为民，岂不正遂其所愿？朕意毋须除籍，需罚其礼佛百次。为佛祖感化，重新做人。"

李煜除设置了"命灯"给死刑犯机会外，还亲临监狱审理囚犯。死罪豁免，重罪减刑，小罪不计，十分宽宏大量。韩熙载因为此事上书："狱讼乃有司之事，囹圄之中非陛下车驾所至。请捐三百万，充军资库用。"李煜欣然捐出内帑钱，回应韩熙载："绳愆纠谬，靠熙载矣！"

李煜是才子，而且是好学不倦的才子。他也像他父亲李景通一样，在熟读佛经之余，也希望理解更多的禅理。

报慈院建成后，李煜请高僧行言主持，行言说出了几句令李煜叹息自己礼佛不深的禅语：

> 示生非生，
>
> 应灭非灭。
>
> 生灭泂已，
>
> 乃曰真常。
>
> 言假则影散千途，
>
> 论真则一空绝迹。

当然，最值得一提的还是李煜和僧人元寂的交情。僧人元寂颇有才华，精于佛法，却嗜酒如命，自号为"酒秃"。李煜曾请他入宫为自己诠释《华严经》，并赐给他大量钱财。结果这人出官后，将李煜赐予的钱财全换酒喝，并在闹市招摇。

李煜知道了也不责备，元寂醉后在市中高歌：

> 酒秃，酒秃，
>
> 何荣？何辱？

但见衣冠成古丘，

不见江河变陵谷。

　　李煜知晓"酒秃"的疯癫样，对于怒气凶凶前来禀告的侍卫大笑一声，毫不介意。

　　此外李煜还在金陵净德院请名僧智筠住持。当时智筠面露难色，对李煜的照顾与推崇有喜有忧："吾不能投身岩谷，绝迹于市，却出入禁中。劳烦君王，此乃吾之过。"

　　智筠之所以这样说，和南唐当时朝廷反对李煜沉迷佛教的呼声也有关系。李煜花费大量时间精力财力在笃信佛教之上，不顾及南唐百姓死活。南唐情势衰微，加之之前大婚的铺张浪费，这令一些文人武士实在看不下去，纷纷上书进谏。

　　最具代表性的应是歙州进士汪涣冒死力谏的《谏事佛书》，书云："昔梁武事佛，刺血写佛书，舍身为佛奴，屈膝为僧礼，散发俾僧践。及其终也，饿死于台城。今陛下事佛，未见刺血践发，舍身屈膝，臣恐他日犹不得如梁武也。"

　　梁武帝是典型的痴迷佛法的昏君，他将自己血脉割破取血书写佛书。将自己头发削去，剃度成和尚，十分虔诚痴迷。可这堂堂一国之君，落得个饿死台城的下场。汪涣不顾自己个人安危，力谏李煜，将李煜和梁武帝相比。李煜当时心里虽然不快，言汪涣乃一敢死之士。考虑到朝野舆论，以及李煜本身的文人性格，李煜非但没治汪涣罪，还将他提为校书郎，可是李煜耽于佛法并未因此改变。

　　还有件事，我们也可以看出李煜是极其能忍的一个人，也算得上君子。

　　大理寺卿萧俨，是南唐的三朝元老。自李昪在位时，他便辅助南唐社稷。此公性情耿直，刚直不阿，威望极高。

　　当年，李景通在位于宫中营建百尺楼时，萧俨便嗤之以鼻。他对李景通说："楼是好，可惜下面少了一口井！"

李景通不解，萧俨便解释道："增加一口井，百尺楼就可与陈后主的景阳楼一较高下了。"

李景通听罢后勃然大怒，直接将萧俨贬为舒州判官，逐出京师。

萧俨后归于京师，对新继位的李煜也颇多微词。一日他有事求见李煜，却听侍卫报李煜正与嫔妃对弈。他气得吹胡子瞪眼，便不顾侍卫阻拦，径直闯进李煜所在宫殿。他见李煜正和一美嫔谈笑风生，丝毫不理睬他的面奏。萧俨急火攻心，一气之下将棋盘掀翻。

李煜愣了半晌，回神望着气呼呼的萧俨，心里十分不快。他责问萧俨："萧卿如此大胆，难道要做今日魏征不成？"

萧俨见李煜不知悔错，还指着鼻子讥讽他，便直言道："老朽不敢以魏征自诩，可陛下也实非唐太宗转世。"

李煜无言以对，心里也只暗骂了句老匹夫。却并不给他定罪，也没有暗中排挤打压萧俨。

李煜就是这样一个矛盾的人，他能容忍臣下死谏，并且不予追究，甚至予以表扬，但他却从未真正改变。从这一点来说，李煜是真正的文人。对自己钟情的物事能坚持，并非忘情薄情之人，也不是狠绝之人。他在追求文学艺术高雅情趣上孜孜不倦，并且乐此不疲。但对于政治，他不但没天分，还不愿意学习，具有很强的"政治惰性"。也有人劝诫他要学习西汉文帝"勤政事，躬节俭，思治平，举贤良"，并特意为他列出具体十条"急务"："一曰举简大以行君道，二曰略繁小以责臣职，三曰明赏罚以彰劝善惩恶，四曰慎名器以杜作威擅权，五曰询言行以择忠良，六曰均赋役以恤黎庶，七曰纳谏诤以容正直，八曰究毁誉以远谗佞，九曰节用以行克俭，十曰克己以固旧好。"李煜看完之后也是拍手称赞，大嘉赏赐进言之人。可所列的十条，一条也未付诸实施。

政治上懒惰，心力耽于佛法。李煜怎么也没想到，他为此虔诚一生，并笃信能济世救人的佛法，在最后竟是被敌方抓住并被对手一击致命的喉结。

绿衣小周后，风华无胜

李煜和小周后婚后，小周后正式登上后位，和李煜过着奢侈糜烂的生活。

笔者很想用"荒淫无度"这个词来形容这个时期的李煜，南唐虽然没有商纣的酒池肉林，却能借着夜明珠之光令黑夜亮若白昼。这样的奢侈腐败，和商纣有什么区别？

娥皇在世时，李煜还算是本分的，对南唐政治基业虽无功劳可也有几分苦劳。李煜即位第一年还知道在取悦讨好宋朝之时，对宋朝加以防范。他任命黄延谦为武昌军留后，任命韩王从善为司徒兼侍中兼诸道兵马副元帅，邓王从谥为司空兼南都留守；另外，他还特设立龙翔军以教水战。李煜下令教练水军，他看重南唐具有优势的水军，虽是立足于保住南唐的半壁江山，但对于防御宋朝进攻，具有极大的现实意义。

李煜即位第二年，他将南唐名将林仁肇提升为神武统军，提升休敬洙为左武卫上将军。他还将宁国军的统帅换了两次，先是换上朱匡业，后来对朱匡业感到不放心，派去了林仁肇。

李煜即位第三年，宋出师平荆南。李煜在讨好宋朝之余，也为南唐朝堂做了些事。他提升老臣游简言为右仆射，史书言他"国家事非其任者，未常肯言"。

李煜在娥皇逝世这一年，还发行了铁钱，他本意是为了改变李景通在位时伪币盛行的局面。而且铁钱在最初实行的时候效果还算不错，伪币盛行是后话。

李煜继位第八年和小周后成婚；第九年开始沉迷于佛法且不理朝政；第十年、第十一年都大规模修建寺院，弘扬佛教……

列举这些事实不是想昭示小周后有罪误国，将吴国灭亡归咎西施，商朝灭亡归咎于妲己，周朝灭亡归咎于褒姒"红颜祸水"和"红颜误国"的说法都是不正确的。

小周后的确风华绝代，此时将近二十的年纪，令她兼具少女的甜美和少妇的妩媚。在与李煜目光交汇和温柔缠绵中，小周后都能以自己独有的温存安抚这个性情温和且内心苦闷的末路君王。而李煜，注定在小周后为他做的茧中越陷越深。

他们的交往，从第一天起就是狂暴如风的。温柔的抵死缠绵，炽热的呼吸交汇，二人的世界里不存在"相敬如宾"及"举案齐眉"的字眼。

小周后正式成为皇后之后，满心欢喜地向工部下懿旨，令有司在她与李煜初次约会的移风殿建了一座大花房。花房内以设各式造型独特且价格不菲的盆钵，栽种各类名花香草，花房外设以越州的秘色瓷。秘色瓷有"夺得千峰翠色来"的赞誉，在唐代盛极一时，名声可和"唐三彩"相比。今人仅得的几只秘色瓷，是从唐朝一地宫深处发掘的。秘色瓷的制造技术，现代技艺无法企及。小周后将这种名贵瓷器摆满内房、梁栋、柱和阶砌，这是多么的奢侈呀！布置得当后，小周后右手牵着李煜的手；左手掩着李煜的眼睛，将李煜引入花丛。

李煜尚未入内，就被花香沁的心旷神怡，他根据花香逐个逐名地叫出名字。小周后放开手的一瞬间，他被眼前的景色惊呆了。

花团锦簇，花香氤氲，秘色瓷瓶散发着莹莹如翡翠的透亮。他宛如登临仙境，一时回不过神。待小周后盈盈娇小惊醒了他，他忍不住拊掌夸张。当即挥毫，将花房命名为"锦洞天"。李煜仔细地打量这座花房，细细品赏。后苑花丛，小周后特意令人修建几处仅能容纳二人对坐的小巧花亭。顶盖、四柱和底座，均以紫檀木作架，以销金红罗罩壁，白银钉玳瑁嵌压。又以绿钿刷隔眼，糊以红罗。李煜对小周后用心安排感动不已，心里欢喜得很。由此更加宠爱小周后了，此处

"锦洞天"更是帝后二人销魂的金窟。

小周后除却喜欢翠色的秘色瓷，还喜爱别的绿色。她所穿的衣装，多为青碧。小周后喜穿绿衣，头绾高髻，群裾飘扬。如天外飞仙，飘逸绝尘。引得妃嫔宫女纷纷效仿，争穿碧色衣裳。宫女们为追求得到心仪的绿衣，不惜亲自动手染绢帛。有一个宫女，染成了一匹绢，晒在苑内。夜间忘了收取，被露水所沾湿。第二天一看，颜色却分外鲜明。李煜与小周后见了，都觉得好。此后妃嫔宫女，都以露水染碧为衣，号为"天水碧"。这种绿色布匹后来传至民间，民间百姓也争相效仿。后民间有传言说这是宋太祖赵匡胤攻打南唐的预兆，因为赵匡胤是天水人，而"碧"字又谐音于"逼"字。

小周后素喜焚香，自己心思细密。爱制焚香器具，探索焚香方法。小周后每天垂帘焚香，满殿香气袅袅。可惜安寝时帐中不能焚香，这使小周后非常苦恼。一日，小周后坐于帐中，忽的灵光一现。她想到用鹅梨蒸沉香，置于帐中。香气散发出来，其味弥漫一股甜香，令人心醉，小周后为这种香取名为"帐中香"。

小周后爱发明，李煜也是发明家！他捣鼓着将茶油花子制成花饼，大小形状各异。令宫嫔淡妆素服，缕金于面。用花饼施于额上，名为"北苑妆"。妃嫔宫人，自李煜创了"北苑妆"以后，一个个去了浓妆艳饰，都穿了缟衣素裳。鬓列金饰，额施花饼。行走起来，好似广寒仙子一般，别具风韵。

李煜与小周后还研究出新的制茶方法，即将茶乳做片，制出各种香茗。烹煮起来，清芬扑鼻。李煜将外夷所出产的芳香食品，通统汇集起来。或烹为肴馔，或制成饼饵，或煎做羹汤。多至九十二种，皆是芬芳袭人，入口清香。李煜对于每种肴馔，亲自题名，刊入食谱。命御厨师将新制食品配合齐全，备下盛筵。召宗室大臣入宫赴筵，名叫"内香筵"。

李煜和小周后最奢侈的莫过于夜间不点蜡烛，他和小周后的宫殿

104

悬挂满了夜明珠，大的如玉碗，小的也有鸡蛋大。到了晚上，夜明珠放出的光如同白昼。宫殿内无须蜡烛，也防止蜡烛烟熏扰了一室清香。

取宠邀幸，蔚成风气

小周后和李煜的生活风流，一花引得百花开。宫中争宠之风，蔚为一时。

小周后是十分厉害的人物，她对宫娥争宠打压得很厉害。在她的高压政策下，宫中的美人没法得到相应的名分。对于那些心怀怨愤的妃子，小周后不是施展辣手使之臣服，就是直接差人遣送出宫。最典型的是幼年就入南唐宫廷、大周后十分欣赏的知书达理的黄保仪，也要在小周后面前卑躬屈膝保全自己。

黄保仪父亲黄守忠是楚国军中的一员勇将，李景通在位期间，其父在和南唐军交战中丧生。当时黄保仪为南唐大将边镐所得，边镐将她带入南唐王宫，献给李景通。黄保仪在宫中逐渐长大，姿色日益出众。李煜即位后，受封为"黄保仪"。她一方面喜欢书法字画；另一方面也是为了投李煜所好，悉心研究书画，苦练书法。她的书艺达到一定境界，为李煜和娥皇赏识。李煜令她典守宫中不少的图籍墨帖，甚至包括罕见珍稀的孤本、善本，以及历代书法名家真迹。

宫娥流珠，可以说是娥皇的知己，她和娥皇一样弹得一手好琵琶。她懂娥皇所做《邀醉舞破》和《恨来迟破》之音，类似子期能辨伯牙所奏为高山巍巍还是流水迢迢。娥皇病殁后，此曲逐渐为人淡忘。只有流珠念念不忘，日日弹奏。李煜每忆及娥皇，便会传召流珠，令她弹奏娥皇所做《邀醉舞破》和《恨来迟破》。流珠不仅习得娥皇技艺，还得娥皇神韵。凝眉蹙首之时，顾盼犹存娥皇之态。李煜醉心于琵琶，迷失在流珠眼神中。每每此时，他都会留下她，共入鸳鸯帐。

宫娥秋水，当从这名字看，实在没什么稀奇的，平常得很。她为了讨得李煜欢心，便以王勃《滕王阁序》中的名句"落霞与孤鹜齐飞，秋水共长天一色"来解释自己名字的"内涵"，标榜自己是个知书达理的女性。她见李煜和小周后在"锦洞天"嬉戏，逍遥自在，游弋花间，心有所感。第二日，她便在鬓上插上精心编织的花环，香味萦绕，花枝招展。惹得蝴蝶款款，也引得李煜驻足轻叹，"好一个秋水，果真是'秋水共长天一色'！"

　　宫娥薛九也如宫娥流珠通过曲艺来引起李煜的注意，流珠演绎的是娥皇的曲子，薛九演绎的是李煜填词的《嵇康曲》。她的唱腔圆润，又别出心裁。仿效娥皇，创编舞曲《嵇康曲舞》。李煜见她唱得潇洒，舞得亦是风流。将嵇康的不羁于世之性格表现得淋漓尽致，不由得对她刮目相看。南唐亡国后，薛九流落洛阳教坊卖艺。经历亡国之痛和人世沧桑，又满怀对李煜的思念和哀叹。其曲调日臻纯熟，催人肺腑。宋人钱易《嵇康小舞曲》云：

> 薛九三十侍中郎，兰香花态生春堂。
> 龙蟠王气变秋雾，淮声哭月浮秋霜。
> 宜城酒烟羁口腹，与君强舞当时曲。
> 玉树遗词莫重听，黄尘刷鬓无前绿。
> 我闻襄阳白铜鞮，荒城古艳传幽悲。
> 凄凉不抵亡国恨，座中苦泪飞柔丝。
> 洛阳公子擎银筯，跪奴和曲生幺光。
> 茂陵旅梦无春草，彤管含羞裁短章。

　　宫娥乔氏知晓李煜嗜佛成性，也学习南唐一些趋炎附势的官员潜心修习佛法，以求博得君王一幸。她不辞辛苦，数年如一日，埋头缮写佛经送交李煜御览。李煜看她抄写的佛经，字字用心。想来辛苦不寻常，他也亲手书写了份《般若心经》一卷回赠。乔氏得到李煜的手抄佛经后，欣喜若狂。常携带左右，奉为至宝。南唐灭亡后，她也和宫娥薛九一样，对李煜一往情深，念念不忘。李煜被俘入宋后，乔氏始终不离不弃，也被宋军带往汴梁。李煜的那卷手抄佛经也被她携带身侧，视若珍宝。李煜死后，她迫于压力，也是为了更好地保全佛经，她才恋恋不舍地将李煜手抄的佛经捐赠给相国寺。交付之前，她还在佛卷卷末题跋："故李氏国主宫人乔氏，伏遇国主百日，谨舍昔时赐妾所书《般若心经》一卷在相国寺西塔院。伏愿弥勒尊前，持一花而见佛。"乔氏对李煜情深意重，李煜和她的感情应该可以上升为精神恋爱。李煜宣召乔氏，更多的不是临幸于她，而是邀她一起谈论佛理，共解禅机。蜡炬成灰之时，二人并非衣衫不整或发髻松松，更非一夜缱绻缠绵和放浪形骸。二人都是恭敬闭目，虔诚求佛，探寻佛家道义。

在李煜的妃嫔中，除了小周后，当特别留心的应该是这位足下"步步生莲"的窅娘。

闲话"裹足"之风伊始

"裹足"也叫"缠足"，这是中国古代的一种陋习，对妇女伤害很大。"裹足"即要把女子的双脚用布帛缠裹起来，使其变成为又小又尖的"三寸金莲"。

根据明文记载和专家考证，中国古代女子缠足兴起于北宋，五代以前中国女子是不缠足的。大文豪苏东坡的《菩萨蛮》言"涂香莫惜莲承步，长愁罗袜凌波去。只见舞回风，都无行处踪。偷立宫样稳，并立双趺困。纤妙说应难，须从掌上看。"这可看做中国诗词史上专咏缠足的第一首词。

关于缠足的起源，说法不一，尚待进一步考证。有说始于隋朝，有说始于唐朝，还有说始于五代。有人甚至称夏商时期的禹妻和妲己便是小脚，可谓是众说纷纭，莫衷一是。中国古代的神话传说中确有此痕迹，传说大禹治水时，曾娶涂山氏女为后，生子启。而涂山氏女是狐精，其足小；又说殷末纣王的妃子妲己也是狐精变的，或说是雉精变的。但是她的脚没有变好，就用布帛裹了起来。由于妲己受宠，宫中女子便纷纷学她，把脚裹起来。当然这些仅仅是民间神话传说，含有较多的演义附会成分，不足以成为当时女子缠足的凭证。

缠足之风始于隋，也源自民间传说。相传隋炀帝东游江都时，征选百名美女为其拉纤，一个名叫"吴月娘"的女子被选中。她痛恨炀帝暴虐，便让做铁匠的父亲打制了一把长三寸宽一寸的莲瓣小刀，并用长布把刀裹在脚底下，同时也尽量把脚裹小。然后又在鞋底上刻了一朵莲花，走路时一步印出一朵漂亮的莲花。隋炀帝见后龙心大悦，召她近身，想玩赏她的小脚。吴月娘慢慢地解开裹脚布，突然抽出莲瓣刀向隋炀帝刺去。隋炀帝连忙闪过，但手臂已被刺伤。吴月娘见行刺不成，便投河自尽了。事后隋炀帝下旨，日后选美，无论女子如何美丽，"裹足女子一律不选"。但民间女子为纪念月娘，便纷纷裹起脚来。至此，女子裹脚之风日盛。

唯一有史可考究的，应该是五代十国南唐后主李煜一朝。李煜的后妃中有一名叫"窅娘"的，能歌善舞。犹如飞燕再世，舞技卓越，舞姿优美，十分讨人喜欢。

窅娘的眼睛微微凹陷，色若琥珀，淡而不艳；脸面精致，轮廓明朗——这是典型的西域人面孔！明亮有神，举手投足，回眸含笑，处处都洋溢着丰富的舞蹈语汇。窅是有幽深的眼瞳的意思，她的名字意蕴她的那双眼睛很有灵韵。

窅娘的生母据传是唐末随西域聘贡使臣来江南经商的回鹘人后裔，后嫁给了一个汉族乡绅。乡绅病逝后，家道中落，窅娘和母亲的生活相当困苦。迫于生计，不得不出卖劳力，窅娘也沦落为采莲女。江南多采莲，莲叶何田田。独具异域风情的女子立于采莲小舟之上，荡漾扁舟。粉色荷花飘香，和窅娘的玉面相得益彰。微风过处，荡起荷叶中玻璃水珠滚滚，荷叶翻飞。西域少女坚挺的鼻尖带着几滴水珠，阳光下明晃晃的。卷曲的发梢没入一片碧色中，这是怎样的美丽！

当时的乡亲们赞她，达官贵人赏识她。她也有幸被选入宫中，一展舞技。

本是采莲女，所舞亦是采莲舞。李煜看过她的表演，对她那双如猫眼石一般晶亮的眼睛念念不忘，当即赐名"窅娘"。她的舞令李煜思绪飘飞，宛如居于田园深处。再也不受尘世侵扰，过上真正的隐居生活。

如果说《霓裳羽衣舞》令李煜如临仙境，那窅娘的舞蹈则让李煜登临世外桃源，大有"一人一世一江湖"的味道。李煜细细打量窅娘全身，她的线条也是明朗的。尤其是那纤细的腰身，宛如一伸手，就可以握个满怀。稍稍用力一捏，就会碎了。

她的玉腿，散发着美玉一样的色泽。诱人窒息，引人遐想，似远远地就能闻到腿间幽香。

点足起舞，她的足又是如此不同。令人想起她的腰身，仿佛这足也是可以握在手间的。李煜亲吻过小周后的玉足，那已是极致命的诱惑。可见了窅娘的脚，他还是移不开眼。

李煜想起南朝齐国的皇帝萧宝卷与他的爱妃潘氏，他二人也醉心于歌舞，为之痴狂。萧宝卷曾令工匠把金锭子压成薄薄的金片，再剪成朵朵莲花，贴于宫中地面上。乍眼望去，满室的金色莲花，熠熠生辉，烛光失色。潘氏脚步盈盈，落于金莲之上，翩翩起舞。萧宝卷拊掌大笑，将爱妃的舞姿称为"步步生莲花"。

李煜也想见识窅娘"步步生莲花"的风采，不，他岂肯步人家后尘，他要的更多！李煜令工部为窅娘打造一朵六尺高的巨型黄金莲花，并正式下诏，令窅娘届时以黄金莲花为舞台精心献艺。

窅娘谢恩后，气血上涌，她怎么也想不到李煜会给她如此盛大的安排。为了不辜负李煜的一片恩承，她绞尽脑汁设想演出的编排，不能让这六尺高台失了皇家颜面。自己也只有好好表现，才能为母亲扬眉吐气。听传旨官员一说，她也明白此故事。她反复推敲，究竟该如何才能产生比"步步生莲花"更曼妙的姿态呢？

能否以足尖点地，宛如仙子点足踏月？她尝试着点足起舞，舞姿虽然达到意想中的轻盈曼妙，可自己的身子实在无法稳固。她和母亲商议，最后下定决心选取素色帛布，将玉足包裹严实，宛如蚕茧。

在经历无法言状的痛苦和坚持之后，窅娘的表演惊艳全场！

莲花座熠熠闪闪，月华清辉。窅娘红绸及地，绣罗比肩，立于六尺高处宛如飞仙。窅娘立于高处，低眉凝望莲花座下。李煜面带笑意，玉带飘飞！窅娘低眉蟒首，眉目流转，月色清辉又黯淡了一分。

玲珑曼舞，点足踏月。窅娘舒展手臂向月，欲乘风归去，珀色眼睛却不由得往李煜身处一瞟。李煜正伸着手，吱着嘴巴轻叹，仿佛要托着窅娘轻盈的身子。

曲调急转，窅娘舞得犹似流星。金色飞旋，宛如星移斗转，晨光惊现。

底座有人吟：

> 莲中花更好，
> 云里月长新。

更有人夸赞："金陵佳丽不虚传，浦上荷花水上仙。"

窅娘舞罢，盈盈眉眼对上李煜。李煜满心欢喜地将她迎至身前，怜惜惊喜地望着她，"窅娘一舞，日月失色呀！"

后窅娘六尺金莲之上起舞传于市井，百姓纷纷仿效窅娘裹足。

裹足之风在宋朝渐行渐盛，南宋时妇女缠足已十分平常，"小脚"已成为妇女的通称。

110

应该强调的是，宋代的缠足和窅娘缠足还是有些类似的。据史籍记载，宋代的缠足是把脚裹得"纤直"但不弓弯，当时称为"快上马"。所用鞋子被称为"错到底"，其鞋底尖锐，由二色合成。

后世缠足之风继续发展，"缠足"也渐渐不人道起来。到了明代，对裹足的形状有变态要求。女子小脚不但要小，还要缩至三寸，美其名曰"三寸金莲"。还要求弓，要裹成角黍形状等。

要达到这样程度的裹足是非常血腥残忍的，一般会在女子七八岁时，将女子足底置于碎瓦片或瓷片之上，并将四个脚趾压于脚背之下。再用布帛将碎瓦片和足底一起包裹紧，此时四个脚趾也以弯曲的形态被固定在布帛中。可想而知这有多痛。在脚趾形状固定前，女孩子相当于把血淋淋的脚踩在碎瓦上，踩在自己四个被折断的脚指上，这是根本无法走路的。待到可以走路了，脚形也固定了。四个脚指也被压弯没知觉了，这是怎样地残忍呀！

到了清代，女子小脚受到了前所未有的崇拜与关注。这一时期，脚的形状和大小成了评判女子美与丑的重要标准。一个女人是否缠足，缠得如何，将直接影响到她的终身大事。直白地说，大脚的难嫁出去，"三寸金莲"之说深入人心。女子因脚太小行动不便，进进出出均要他人抱，称为"抱小姐"。

后世的裹足要求实在是对女性的摧残，如果裹足之风自窅娘开始，那后世的裹足也违背了当初窅娘裹足为追求舞姿更美更轻盈的初衷。将裹足陋习归咎在李煜和窅娘身上是不科学，也是不道义的。

说这些，也是希望所有读者，尤其是女性读者珍惜自己的身体。李煜的宫廷生活依旧在声色犬马中，然而命运的大网正向他铺开。直面他的将是南唐颓败的江山，将是大宋勃勃的雄心！

第六章 江南红英落

江南红英落，落尽的是千叶柏松，青山绿骨。本是群英逐红，绿野草长莺飞的江南。此时底色却是如此淡抹，单调得如老人灰败的背影。悠长深巷，南唐王宫。一更鼓一声鸦啼，丧钟为谁哀鸣？

一 自毁长城

潘佑自尽，熙载自污

江南初春，正值红梅吐艳时节。

澄心堂内，李廷墨吐着幽香，澄心堂纸卷白皙，龙尾砚台岿然而立。

澄心堂纸和着墨香令李煜思绪飘飞，窗外梅花点点，虬枝桀骜。点点梅香传入小楼，顿觉神清气爽。李煜心情大好，令一宫人暖酒。又令一宫人传信潘佑，邀他一起于院中赏梅。

潘佑到后，李煜便邀他同座，并奉上暖好的醅酒邀其共饮。

潘佑见李煜时，一直低头不语。见李煜招呼，便低头喝酒。

李煜一直言笑晏晏，又是斟酒又是品足梅花，语气中满是欢快。他是感谢潘佑的，那时和小周后的婚礼如此盛大，还真亏了他独当一面和徐铉论战到底呢！

潘佑却是堆满沉默，李煜不解，开导道："爱卿有心事？如此美景，如不把酒言欢，共赏寒梅，岂不是少了情趣？"

"梅花傲霜枝，现在已是初春，也经不起多少时间了。"潘佑握住自己的手，轻声感叹。

李煜听着心里自然不悦，可还是迫使自己忍住："爱卿好见识，如此何妨赋诗一首？"

潘佑望了眼李煜，又望了望珀色美酒，对着窗外的梅花不觉又叹了口气。他顺李煜的意，吟的却不是李煜想要的诗：

"楼上春寒山四面，桃李不须夸烂漫，已输了春风一半。"听得这最后三句，李煜气血上涌，气得差点当场发作。这个潘佑，实在是胆大妄为！

李煜面色不善，令潘佑告退。潘佑退却之时，心里想起梅花红艳妖娆的身姿，心里浮现的又是李煜怀抱小周后并轻啄美酒的画面，他满是心酸呀！南唐国力日益贫弱，北面宋朝又是咄咄逼人。他实在后悔当初为何就这般倔强，执意要求帝后举办隆重的婚礼。

以后怕是会为千夫所指，遗臭万年！

陛下耽于佛法，汪焕冒死力谏《谏事佛书》。陛下能虚心接受，还为汪焕加官。可陛下却不痛定思痛，因此做出改变呀！

潘佑回家后，对着妻子沉默不语。自顾自在书房沉思。之后蓦地立起，当即挥毫写下上奏的第一道奏疏。

他热血激昂，针砭时弊。他犀利地指出朝中部分官员中饱私囊，为民父母却不为百姓考虑。对于君主李煜，他也不留情面。言李煜亲佞远贤，耽于佛法，偏宠后宫。字字肺腑，用心良苦。

果不出潘佑所料，他的第一道奏疏没有得到李煜的任何回应，如石沉大海。

接着又是第二道，第三道，第四道……

直至将第七道泣血写作的奏章上呈，南唐王宫也仍不见回应。潘佑怒发冲冠，倚靠栏杆。凄冷的月色倒映在水间，他的心也沉入那池水中，被月光揉碎。

南唐的月色呀，你何时才得圆满？罢了，他终是走过深深回廊，回归房间。

悉心地理好一切，将自己的官袍玉绶收好，和往常一样上床。一切似乎很平静，可他第二日的举动绝对是令整个朝野震惊的！

解甲归田，辞官归隐！李煜心底的火气终于被潘佑激起，他将一叠奏章扫落地上。身侧宫监见了忙上前劝慰，将奏章叠好并悉心放置。李煜稍稍平静心绪，他心里虽然气愤，可毕竟潘佑以前的表现还是令其满意的。潘佑只是暂时想不开，总有一天会明白过来的。对于潘佑归乡的要求，李煜驳回。并下令要求潘佑留驻金陵，负责专修国史。

既然身还在金陵，身还居于官位，那就该论战到底！皇上已有回应了，他终会明白做臣子的拳拳之心呀！

这第八道奏章，潘佑写得最绝。他不给自己留下任何退路，而要李煜明确的态度！

"三军可夺帅也，匹夫不可夺志也。臣乃者继上表章凡数万言，词穷理尽，忠邪洞分。陛下力蔽奸邪，曲容谄伪。遂使家国，如日将暮。古有桀、纣、孙皓者，破国亡家，自己而作，尚为千古所笑。今陛下取则奸回，败乱国家！臣终不能与奸臣杂处，事亡国之主。陛下必以臣为罪，则请赐诛戮，以谢中外。"

潘佑将李煜和亡国之君相比，甚至言李煜远不及桀、纣和孙皓。李煜再怎么无能，好歹也是君王，怎能受得了这口气！

何况，这正如有人所理解的那样："将陛下比作桀、纣，尚且勿论。可将南唐比作已灭亡国家，这不是居心不轨吗？南唐国还在，潘佑居心叵测，难道要诅咒南唐国破吗？”

“光他一个人哪里有这样大的胆子。”出来说话的是张洎，他和殷崇义心怀鬼胎，暗自勾结，要借这个机会拔去眼中钉。

李煜脑中想起另一个人，是卫尉李平。

李平和潘佑是莫逆之交，二人都喜好黄老，钻研道术。潘佑对自己素来敬重，难道是李平从中作梗？

说起李平，李煜心里更是不由得来气。这人在他眼里，可比潘佑更可恶。

李平本名“杨讷”，曾于嵩山做过道士，下山后投奔后汉河中节度使李守贞。李守贞叛汉之时，他又作为使者，欲图南唐中主李景通支持。结果李景通尚未出兵，南唐军中就传出李守贞战败而死的消息。当时的李景通见识过杨讷口舌生花的本事，也有几分欣赏他的才学。并且同情他的遭遇，便挽留杨讷留在南唐。

杨讷感激李景通的知遇之恩，便自改名为“李平”。意为要追随李景通，为南唐平定天下。

事实上李平的确是兢兢业业，克己奉公，为南唐社稷出谋划策。

在李煜继位后，他虔心辅佐李煜。在南唐衰微之时，李煜听从他的建议，进行了一系列改革。时任司农的李平提出要健全南唐的户籍制度，以备建立寓兵于农的兵役制度。并依据户籍信息，按丁授田，依户征兵。他还提出劝课农桑的措施，发展农业。这些措施直接触及南唐大地主的利益，改革遇到了极大的阻挠。

李平改革还有一个巨大的缺陷，这就是他的思想大部分来自《周礼》所述，并未从南唐实情考虑。这类托古改制一旦失败，改革施行者必会受百姓猜疑，流言四起。

李煜首先发难，很快将李平打入监牢。

李平蒙难后，潘佑想起自己的好友，不由心下凄楚。他对自己的命数，也有了估测。闭上眼睛，一切顺从天意。

李煜很快派人将潘佑压入刑房，临行，潘佑做《赠别》：

> 庄周有言：得者，时也；失者，顺也。安时处顺，则哀乐不能入也。仆佩斯言久矣！夫得者如人之有生，自一岁至百岁。自少得壮，自壮得老。岁运之来，不可却也，此所谓得之者时也。失之者亦如一岁至百岁，暮则失早，今则失昔，壮则失少，老则失壮。行年之去，不可留也。此所谓失之者顺也。凡天下之事皆然也。达者知我无奈物何，物亦无奈我何也。其视天下之事，如奔车之历蚁垤也，值之非得也，去之非失也。
>
> 燕之南，越之北，日月所生，是为中国。其间含齿戴发、食粟衣帛者是为人，刚柔动植、林林而无穷者是为物。以声相命是为名，倍物相聚是为利，汇首而芸芸是为事。事往而记于心，为喜，为悲，为怨，为恩。其名虽众实一，心之变也。始则无物，终复何有？而于是强分彼我。彼谓我为彼，我亦谓彼为彼；彼自谓为我，我亦自谓为我；终不知孰为彼耶？孰为我耶？
>
> 而世方徇欲嗜利，系心于物，局促若辕下驹。安得如列御寇、庄周者，焚天下之辕，释天下之驹，浩浩乎复归于无物软？

居于暗无天日的牢笼，潘佑留好遗书，安详地闭上眼睛。悬好白绫，将足下的凳子点翻，怀着未完之凤愿去了。

知道好友的死讯，李平心里也亮堂起来。既然无力御寇，无力焚天下之辕，无力释天下之驹，那何苦纠结于世？我亦随潘兄之迹，就此别去。

潘佑死后，李平也自缢于狱中。

对于两位重臣之死，李煜先是茫然，满是困惑。接着便又觉得一切都相安无事，他也不必再为该给二人施以何刑法纠结了。

李煜看得开，看得平淡。但这并不表示朝中大臣就不追究，就不受影响了。事实上，李平和潘佑之死，给整个南唐朝堂带来了巨大的冲击。一时间人心惶惶，大部分官员都明哲保身且貌合神离，能进言者少之又少。

最典型的是韩熙载，前文提及的《韩熙载夜宴图》就是他自污以避免李煜任用。

其实韩熙载是南唐数一数二并有远大抱负的能人，当年他渡江南下时，他的好朋友李谷曾经问韩熙载的志向，他当时回答说："如果南唐以我为宰相，我定能为其雄兵一策，北定中原。"

他的好友李谷针锋相对道："如果中原能用我为大将，出兵取江南如探囊取物。"

事隔多年之后二人这话仍在，豪气依旧，可二人的遭遇却是不尽相同。

李谷受到了周世宗柴荣的重用，成为后周的一员猛将。在后周与南唐的情势对比中，莫说南唐割让给后周的十四个州。就说南唐李景通和李煜对后周及宋朝的臣服卑屈态度，二人之间孰强孰弱，谁赢谁输，毫无悬念。

韩熙载当初开的不是傲口，他的确是有才华有谋略的。契丹入中原灭亡后唐时，韩熙载曾对李景通说："契丹人南犯，陛下应当借此机会发难，以图恢复祖业。一旦契丹北归，后唐新立附庸契丹之主。情势急转直下，南唐便失了机会，望陛下思虑微臣所言。"可是当时李景通陷入对闽国战争的泥潭，无法自拔。后周建立后，李景通和南唐老臣又开始讨论北伐，韩熙载却不趋炎附和。他直言当时不是北伐时机，后周基业稳固。南唐北伐不但会无功，陷入泥潭会损耗国力并招来灾祸，惹祸上身的后果可是不堪设想的。可迂腐固执的李景通再一次拒绝了见解独到的韩熙载的建议，结果这次南唐元气大伤，国家不国。一下子失去了半壁江山，江北的十四个州全给了后周。

李煜即位之后，此时的韩熙载已不是少年志高气远。他眼光更是独到老辣，做事沉稳低调。李煜虽然对韩熙载很重视，可韩熙载并不为他一而再再而三的邀请所动。这并不是他对李煜老爹李景通对自己不重视而耿耿于怀并心存芥蒂，实在是因为他认识到南唐已日迫西山。大宋雄心勃勃，而眼前的这位少年皇帝还是和他的父亲一样，空有满肚子墨水，却实在不是治国良才。

韩熙载的放纵不是源于青年不得志，此时他的放纵完全是掩人耳目，蓄意自污。

除却那幅《韩熙载夜宴图》，韩熙载还做了更多的荒唐事。任流言飞语入李煜耳中，自己名声如何败坏！

韩熙载一日身穿破衣，衣不蔽体，扮作瞽者卖艺。口里唱着莲花落，完全一副乞丐样。他还令自己学生舒雅为他执板伴奏，他则是乐呵呵慢悠悠地走到一个个美若天仙的歌伎面前。露出一副邋遢可怜相，伸手向歌妓们乞讨。歌妓们无不嘻嘻大笑，和扮做乞丐的韩熙载在庭院中追逐言笑。

李煜听闻此事，想起韩熙载邋遢的模样，还有歌妓风骚的体格，也起了一身的鸡皮疙瘩。心里不由得暗骂："好邪恶的韩熙载！"

韩熙载却如是跟亲信解释："我之所以狎妓自污，游戏花丛，就是为了拒任宰相。南唐国势不可扭转，我若是宰相，必受千古诟骂。"

李平和潘佑自缢，韩熙载自污，更多的忠良之臣也卷入其间。当时的琼林光庆使兼检校太保廖居素，在知晓潘佑和李平死讯后，对这本是仁义有文人气节的陛下也死了心。他和西汉丞相周亚夫一样，闭门绝食，以示忠诚。李平和潘佑自缢而死，廖居素则是死于自家井中。临行他留下绝命话："吾之死，不忍见国破而主辱也。"

徐铉之弟徐锴，和其兄徐铉并称为南唐"二徐"。这人和李煜一样是沉溺于中国诗词浩海中的文人，一心埋首著作，研究学问。他在南唐集贤殿任官之时，所做学问颇得李煜赞许："诸臣勤其官，皆如徐锴在，吾何忧哉？"可是这个和李煜一样一心只读圣贤书的文人，在生命最后的时刻，还是被同样有文人气节的陛下激怒了。他的觉醒就如一面大锣，也如一捶拳头，重重地击在己是奄奄一息的南唐心脏上。

他忧愤于李煜连杀三位忠臣，忧愤于南唐垂危的情势，忧愤于国破山崩的天数。临终前，他泪流满面，忧愤地对家人说："吾今免为俘虏矣！"

如是君子，莫得罪小人

若是李煜得罪的都是朝中君子，那尚能原谅。最可悲也最可怕的是李煜还得罪了一个真小人，这也给了赵匡胤派来的道貌岸然的高僧可乘之机。

李煜得罪的真小人是樊若水，南唐的落第书生。

李煜在位期间，招考进士的次数不算多，而且几乎每次都会出现意外变故。一次在韩熙载负责的进士考试中，取中的九人引起了不小争议。李煜遂命中书舍人徐铉对其中的五人进行复试，这五人竟不肯就试。后由李煜亲自出题，中书官执行对这五人加试，结果这五人成绩都不合格。

类似情况屡有发生，清耀殿学士张洎告某次科举考试许多有才能的人没有被录取。

李煜令张洎对当年没有录取的人进行复试，从中也确实选取了王伦等能人。

樊若水对李煜有如此大的怨恨，自然和他屡试不第有关，我们可以把他归咎为愤青的冲动。自己怀才不遇，考试失败便走极端，转而抨击南唐科举制度和南唐君主。

如果他只是愤愤，那也可以理解。但这人的极端报复方式，却是十分无耻贪婪的，他走上了通敌叛国的道路。

为了码足足够的资本和宋朝皇帝做交易，这个书生铆足了劲，拿南唐水军开刀。

樊若水只身来到金陵西南的采石矶，望着诗仙李太白在捉月亭留下的手迹和东晋将军温峤在燃犀亭留下的痕迹。心想这些都是名留青史的风流人物，自己何时才能和这些大人物一样，做一番大事业？长江波涛汹涌，辽阔的江面起起伏伏。江风呼啸，大有虎狼咆哮之姿。

游人络绎不绝，樊若水望着对岸的天门山。憧憬着大宋朝的繁华物阜，他心里已做好了盘算。

他心里思量的是一个蒙蔽李煜很久的小人，即小长老。

李煜昏庸无道，娥皇死后更是沉溺佛法，荒芜朝政，这给了赵匡胤可乘之机。赵匡胤派遣内应潜入南唐王宫，化装成僧侣宣扬佛法，趁机接近李煜。以达到蛊惑的目的，"小长老"就是其中最著名的一位。小长老是他的法号，本姓"江"，名"正"，字"元叔"。在清凉寺修行，受戒于法眼禅师。法眼是李煜相交甚深的禅师，经常受李煜邀请入宫讲经。小长老机灵圆滑，很得法眼欢心。每每入宫，法眼都会带上他，李煜对他也是颇为喜欢。法眼圆寂后，他则以禅师的身份接替法眼入宫，和李煜说禅。李煜深觉其所言博大精深，夸赞他为"一佛出世"。

小长老本不是真正的出家修行之人，劣根性还是会暴露的，可这并不妨碍李煜对他的喜欢。一次，李煜见他身穿价值昂贵的红罗销金法衣，指责他用度豪奢，有违佛门清规戒律。他知李煜对他偏爱，毫不在意，倒是数落起李煜："陛下未诵《华严经》，焉知佛富贵乎？"

李煜羞愧不答，小长老见他拜服自己，趁机在李煜身上巧取豪夺。他要求李煜在牛头山营建佛寺禅房千间，广收僧徒。李煜便答应了，殊不知这白花花的银子就从小长老的一句话中如水一般流失了。

樊若水也剃度成僧，借垂钓之名掩人耳目，每日游走于长江边。他知道当初柴荣肯顺从李景通求和的意愿，最重要的原因是不敢贸然强渡长江。长江是天堑，是南唐最值得依赖的屏障。当初李景通迁都洪州，就是看中了此处是长江易守难攻的河段。

　　北宋欲取南唐，就必须下江南，就需渡长江。可是赵匡胤对南唐水军的实力也是明白的，他也忌惮得很。在长江交战如若占不到优势，说不定就重蹈当年曹操赤壁之战的覆辙。

　　如想在江上和南唐水军交锋，那就必须在长江上造浮桥。问题是，长江下游江面开阔如海，浪高风急。莫说造浮桥，就连我们用现代科技修建一座长江大桥都是十分困难艰巨的事情，都是举全国之力，功勋足以载入史册。

　　欲想在长江上造浮桥，那每一步都不容有失，要谨小慎微。如果计量的长江两岸距离有误差，这座浮桥在大浪冲击之下就容易不稳固。从而影响行军速度，也有可能耽误整个作战计划。

　　樊若水要做的就是向赵匡胤献上准确的长江江面宽窄度和水流流向规律，为宋军南下渡江吹东风！

　　江面沉沉，夜幕四合。此时的樊若水像一只幽灵游走在长江之上，他手持麻绳，像一索命的阎王。绳子一端套在采石矶白塔上；另一端钩住了黝黑的篷船，往返两岸，穿梭其间。不多久，开封王宫的赵匡胤收到了小长老的密信，也得到了樊若水呈上的平南策。在一堆废话和无用的字眼中，他眼睛一亮，他终于看到了最想要的长江水文状况书表！

　　樊若水受到赵匡胤的接见，很快露出了奴才嘴脸。处处标榜自己，处处讨好赵匡胤。

　　赵匡胤问及其名字来源时，他的回答实在令人汗颜，也实在令赵匡胤不屑入眼。

　　他回答道："臣仰慕唐朝尚书右丞倪若水为人光明磊落，刚直不阿，故以先贤之名为微臣之名。"

赵匡胤听了后扑哧一笑，唐朝尚书右丞明明是倪若冰。哪里是倪若水，当真是冰水不分家？

樊若水听了赵匡胤的纠错，脑袋上早已汗涔涔，哪里还接得了话。赵匡胤却是心胸大度，为他开脱道："既然你熟悉古人古事，朕就为你改名'知古'了！"

樊若水叩首拜谢，从此以"樊知古"自称，颇为骄傲。

上善若水，水善利万物而不争，幸好樊若水不记得自己的名字和这句话还能搭上边。话说回来，上善若水，樊若水却一点也没有水的宽阔、水的包容和水的博大。

他是配不上这个名字的，至于"知古"，那也的确是该被打上的印记。试问这样的人，还有何颜面存于当世？

豪气比关公，自剁南唐肩骨

李煜一生错误的决断有很多，但没有哪一次比得上这次沉痛。

自断右臂，自断筋骨。这样的自残方式令我们心寒之余也是不忍，但李煜就这样做了。

李煜断自己右臂，事发在北宋即将大举挥兵南下，讨伐南唐之际。

林仁肇，这员虎将当时是南唐的胸肩臂膀，是南唐的塞上长城！

他体魄雄健，骁勇善射，时人称其为"林虎子"。早在后周显德二年（955年）十一月，周世宗柴荣亲率大军南下淮南，企图击溃南唐。正阳桥一役，林仁肇率敢死之士逆风举火焚桥，力阻周军进击。后周驸马，即殿前都指挥使张永德是后周的神箭手。可当他率领大队人马和只有区区人马的林仁肇交手时，他射出的本该致命的箭都被林仁肇打飞。他暗暗吃惊之余，见林仁肇力能扛鼎，一夫当关。被他的气度所威慑，便告诫手下说："彼中有人，不可轻敌。"急令退兵。

李煜继位，起初对林仁肇的才干颇为赏识，提拔他为神武统军。

林仁肇虽身居高位，可李煜对宋朝的步步退却，令他的才华始终无法发挥。当北宋灭掉南汉之时，林仁肇见南唐情势衰微，不容再退。他怀着满腔热血上疏李煜，恳请"独对"。在和李煜单独面奏期间，林仁肇反复言说："南唐情势已到了危急存亡之秋，宋平荆楚、破后蜀、取南汉，势如破竹。如若南唐坐以待毙，则人为刀俎我为鱼肉。臣愿率军反击，趁宋军兵马劳顿且粮草不多间隙，伺机反扑。收复失地，扭转局面。"

李煜不为所动，皱着眉头思虑，半晌回头对林仁肇说："情势真的有这般严重吗，真如爱卿所言？"

林仁肇听李煜这样一说，再也承受不住。满腔热血上涌，他俯身跪地道："臣此举如若能得胜，必会继续推进，直逼汴梁；一旦失手，陛下尽可治臣谋反之罪，杀掉我全家，提我的人头去向赵匡胤谢罪。南唐并不会因此招来灾祸，陛下也可保全您的尊位。"

李煜诧异地看着长跪于地的林仁肇，心被他吓得突突直跳，气血不顺。

李煜思量着，究竟该如何回拒这个倔强的大将。他思忖许久，才有些不好意思地对林仁肇道："爱卿所言严重了，我自有主张，不必冒失。"

林仁肇还欲再说，李煜却已喝令他退下。林仁肇走后，李煜脑海中翻涌着林仁肇对他说的话。心里更是惶恐，他怎么也不敢冒这样大的风险。

此时，小周后正一袭绿衣袅袅婷婷走向他。他望着眼前的美人，馥郁的香气令他脑子镇定。他怀抱美人，终于果决地做了决定。

第二日，李煜下令将林仁肇调往洪州，任南都留守兼南昌尹。

汴梁的赵匡胤听闻林仁肇的轰烈事迹之后，心里痒痒的。恨不得揪出林仁肇，好好扒他的皮，抽他的筋。

可赵匡胤是猫，他知道现在的李煜很急。耗子很急，做猫的更需镇定，耗子自然会送上门的。

于是赵匡胤这只老猫吹吹胡子，猫爪轻轻一拨，李煜这只可怜的小老鼠终于把自家的地洞掀了。

宋太祖欲统一江南，一直视林仁肇为一大障碍。在正式向南唐出兵之前，他一定要扫除林仁肇这个障碍。

此时李煜的胞弟正居于汴梁做人质，赵匡胤知道李煜这个弟弟心思敏感多疑，便生了借他之手杀林仁肇的计策。

一日，宋太祖特意邀李从善来一别殿游玩，对他下套。老谋深算的赵匡胤指着从南唐带来的林仁肇的画像，诈问李从善："这是何人，从善兄弟看着是否眼熟？"

李从善一眼就看出画中之人是林仁肇，可心里害怕招来灾祸，吞吞吐吐地说："似为江南林仁肇。"

宋太祖见从善心里起了变化，得意地加了把柴火，回头对李从善说："仁肇愿归顺我朝，先寄画像为信物。"

这时的李从善一脸愕然地看着赵匡胤，赵匡胤却依旧笑面不改，进而指着北面一空宅说："将以此宅赐予林仁肇，以酬其归宋。"

李从善先还是惊愕，此刻完全信了赵匡胤说的话，心里又是焦急又是担忧。林仁肇要投降宋朝，这可怎么办？

回居处后，李从善立刻差人将此消息秘传给李煜。李煜看完李从善的亲笔信，他双腿都软了，整个人几乎瘫倒在地上！

"林仁肇呢？"不知所措的李煜呼喊侍卫。侍卫言："林仁肇已被陛下调往洪州，正任南都留守兼南昌尹。"

李煜一听侍卫所报，心又凉了一分："这逆臣，当初没重用他，今天果然背叛了我！"

李煜很快给林仁肇送去了毒酒，林仁肇就在不明不白中，断送了性命。

自此，南唐筋脉被李煜亲自斩断。失去了臂膀的南唐，再也压制不了宋朝凌厉的进攻。林仁肇死后仅两年，金陵城破，南唐国亡。

二　北有饿虎

与虎谋皮，骑虎难下

北宋乾德元年，宋平定荆南后，赵匡胤依据既定方针，对第二个目标后蜀发动了全面的攻击。

在正式决定进攻后蜀之前，赵匡胤对于究竟该征伐南唐还是攻取后蜀一直举棋不定。两个国家都对宋朝卑躬屈膝，服服帖帖，要师出有名还真令赵匡胤头疼。

宋取荆南，李煜始终专心专意地侍奉宋朝。并遣使犒师，而后蜀君王孟昶却沉不住气了。

当时孟昶本想向宋朝犒师献礼，可这一提议遭到大臣王昭远的坚决反对。当时王昭远已在通往四川的长江水路上增设水军，防备宋军。他还劝孟昶联合北汉，让其发兵南下。后蜀也派兵北上，夹击宋朝。孟昶觉悟，派赵彦韬奉携蜡书出使北汉，以求联合北汉抗击宋朝。可惜所托非人，赵彦韬这个贼子居然直接绕道汴梁，将蜡书献给了太祖。太祖接过蜡书之后，心里大喜，出兵后蜀的借口可是有了！

乾德二年十一月，赵匡胤正式发兵攻蜀。出师以前，赵匡胤明确彰显自己要开疆拓土的野心："凡攻下城寨，财帛归于将士，朕只需土地。"

后蜀以王昭远为都统，率兵迎战。这王昭远其实是有勇无谋之徒，他大言不惭地道："此去不但克敌，取中原也易如反掌！"他手执铁如意指挥军事，以诸葛亮自比。但一接仗，却三战皆败，连招讨使韩保正都成了俘虏。只得退保剑门天险，负隅顽抗。

次年正月，北宋大将王全斌经嘉陵江。绕过"一夫当关，万夫莫开"的蜀道，打了个王昭远猝不及防。后王全斌挥师进击，将藏匿在仓舍中的王昭远俘虏。

王昭远兵败后，孟昶很快上表请降，王全斌受降入城。灭蜀战役从出师到受降仅六十六日，宋朝得州四十五，县一百九十八。

后蜀一灭，接下来留给赵匡胤的便是南唐、吴越和南汉三个选择了。李煜在宋灭蜀后，立刻贡银绢万计来贺。赵匡胤知道此时出兵南唐，绝对是会被后世讥诮无仁义的。

此时南汉末帝刘鋹却不安分，居然和赵匡胤对着干。在开宝三年（970年）九月，进攻宋控制下的道州，这给赵匡胤征伐南汉制造了借口。

赵匡胤对于南汉志在必得，而且知彼知己，对南汉的形势了解得很透彻。

南汉统治是非常腐败黑暗的，宦官专行，为祸朝廷，宦官人数有七千人之多。国主刘鋹所居宫殿跟李煜的宫室一样铺张奢靡，多以珍珠和玳瑁装饰。宫城左右还有离宫数十，妃嫔众多，好色淫荡的刘鋹常常月余或十来日游幸其间。刘鋹整日与名为"媚猪"的波斯美女鬼混，纵欲无度。权力落在了宦官龚澄枢、李托、薛崇誉，以及女官卢琼仙及女巫樊胡等手上。他生性暴戾，性情残忍，国内有烧、煮、剥、剔和刀山等酷刑。为了满足自己的变态心理，他还令罪人与虎斗。赵匡胤听到这些虐政，和将士同仇敌忾，说："朕当解救一方之民。"

可惜，赵匡胤并不是这样伟大，所谓的"解救一方之民"不过是他拉拢民心的最好说辞。如果赵匡胤真当救民于水火之中，还会迟迟拖延出兵，甚至还要李煜致书给刘鋹，要其识相罢兵，向宋称臣吗？

这不过是给李煜的下马威，要他安分些；同时也是逼迫李煜断了和南汉合作的心思，乖乖孝敬宋朝。

李煜接到赵匡胤的御旨，终于有了坐立不安的感觉。他怕，他焦躁，他为难。就算再无能，身为南唐国君的李煜也知道南汉控制两广之地，和南唐唇齿相依，一衣带水。一旦南汉被赵匡胤攻下，宋朝便可经南汉从后方突袭南唐，南唐危矣。

可李煜更怕的是开罪赵匡胤！

李煜立于大殿，焦躁地踱步。他觉得自己肝火旺盛，气虚体亏。"如果赵匡胤是佯装攻取南汉的，我若不应允，南唐会不会就是他攻取的对象？"

李煜被自己脑中的想法吓了一大跳，可这个想法却牢牢地束缚住了他："宋军入南汉比入南唐远，远征不如近攻，赵匡胤心里打的是南唐的主意！"

"打的是南唐的主意！"

李煜嘴巴念念有声，他即刻传令臣下共同商议致书刘鋹之事。很快，一封由南唐知制诰写成并由李煜亲盖南唐御玺的国书，送至南汉君王刘鋹手中。

国书下后，李煜还不放心，他决定以自己私人名义再写一份书函给刘鋹。

这封信没有国书写得那样正式；相反，它写得十分委婉诚恳，感情真挚。李煜的信笺是由当时还十分恭顺谦卑的江南大才子潘佑代笔的，但句句都说出了李煜的心声：

"煜与足下叨累世之睦，继祖考之盟。情若弟兄，义敦交契。忧戚之患，曷尝不同。每思会面而论此怀，抵掌而谈此事。交议其所短，各陈其所长。使中心释然，利害不惑；而相去万里，斯愿莫伸。凡于事机不得款会，屡达诚素。冀明此心，而足下视之。谓书檄一时之仪，近国梗概之事，外貌而待之，泛滥而观之。使忠告确论如水投石，若此则又何必事虚词而劳往复哉？殊非宿心之所望也。

今则复遣人使罄申鄙怀，又虑行人失辞，不尽深素。是以再寄翰墨，重布腹心，以代会面之谈与抵掌之议也。足下诚听其言如交友谏争之言，视其心如亲戚急难之心。然后三复其言，三思其心，则忠乎不忠，斯可见矣。从乎不从，斯可决矣。

昨以大朝南伐，图复楚疆。交兵已来，遂成衅隙。详观事势，深切忧怀。冀息大朝之兵，求契亲仁之愿。引领南望，于今累年。昨命使臣入贡大朝，大朝皇帝果以此事宣示曰：'彼若以事大之礼而事我，则何苦而伐之；若欲兴戎而争我，则以必取为度矣。'

见今点阅大众，仍以上秋为期。令敝邑以书复叙前意，是用奔走人使，遽贡直言。深料大朝之心非有惟利之贪，盖怒人之不宾而已。足下非有不得已之事与不可易之谋，殆一时之忿而已。

观夫古之用武者，不顾小大强弱之殊而必战者有四：父母宗庙之仇，此必战也；彼此乌合，民无定心。存亡之机以战为命，此必战也；敌人有进，必不舍我。求和不得，退守无路。战亦亡，不战亦亡。奋不顾命，此必战也；彼有天亡之兆，我怀进取之机，此必战也。今足下与大朝非有父母宗庙之仇也，非同乌合存亡之际也。既殊进退不舍，奋不顾命也，又异乘机进取之时也。无故而坐受天下之兵，将决一旦之命，既大朝许以通好，又拒而不从，有国家、利社稷者当若是乎？

夫称帝称王，角立杰出，今古之常事也；割地以通好，玉帛以事人，亦古今之常事也。盈虚消息、取与翕张，屈伸万端，在我而已，何必胶柱而用壮，轻祸而争雄哉？且足下以英明之姿，抚百越之众。北距五岭，南负重溟。籍累世之基，有及民之泽。众数十万，表里山川，此足下所以慨然而自负也。然违天不祥，好战危事。天方相楚，尚未可争。恭以大朝师武臣力，实谓天赞也。登太行而伐上党，士无难色；绝剑阁而举庸蜀，役不淹时。是知大朝之力难测也，万里之境难保也。十战而九胜，亦一败可忧；六奇而五中，则一失何补！

况人自以我国险，家自以我兵强。盖揣于此而不揣于彼，经其成而未经其败也。何则？国莫险于剑阁，而庸蜀已亡矣；兵莫强于上党，而太行不守矣。人之情，端坐而思之，意沧海可涉也。及风涛骤兴，奔舟失驭，与夫坐思之时盖有殊矣。是以智者虑于未萌，机者重其先见。图难于其易，居存不忘亡。故日计祸不及，虑福过之。良以福者人之所乐，心乐之，故其望也过；祸者人之所恶，心恶之，故其思也忽。是以福或修于慊望，祸多出于不期。

又或虑有矜功好名之臣，献尊主强国之议者，必曰：'慎无和也。五岭之险，山高水深。辎重不并行，士卒不成列。高垒清野而绝其运粮，依山阻水而射以强弩。使进无所得，退无所归。'此其一也。又或曰：'彼所长者，利在平地。今舍其所长，就其所短。虽有百万之众，无若我何。'此其二也。其次或曰：'战而胜，则霸业可成；战而不胜，则泛巨舟而浮沧海，终不为人下。'此大约皆说士孟浪之谈，谋臣捭阖之策。坐而论之也则易，行之如意也则难。

何则？今荆湘以南、庸蜀之地，皆是便山水、习险阻之民。不动中国之兵，精卒已逾于十万矣。况足下与大朝封疆接畛，水陆同途。殆鸡犬之相闻，岂马牛之不及？一旦缘边悉举，诸道进攻，岂可俱绝其运粮，尽保其城壁？若诸险悉固，诚善莫加焉；苟尺水横流，则长堤虚设矣。

其次曰，或大朝用吴越之众，自泉州泛海以趣国都，则不数日至城下矣。当其人心疑惑，兵势动摇，岸上舟中皆为敌国，忠臣义士能复几人？怀进退者步步生心，顾妻子者滔滔皆是。变故难测，须臾万端。非惟暂乖始图，实恐有误壮志。又非巨舟之可及，沧海之可游也。然此等皆战伐之常事，兵家之预谋，虽胜负未知，成败相半。苟不得已而为也，固断在不疑；若无大故而思之，又深可痛惜。

且小之事大，理固然也。远古之例不能备谈，本朝当杨氏之建吴也，亦入贡庄宗。恭自烈祖开基，中原多故。事之大礼，因循未遑。以至交兵，几成危殆。非不欲凭大江之险，恃众多之力。寻悟知难则退，遂修出境之盟。一介之使才行，万里之兵顿息。惠民和众，于今赖之。自足下祖德之开基，亦通好中国，以阐霸图。愿修祖宗之谋，以寻中国之好。荡无益之忿，弃不急之争。知存知亡，能强能弱。屈已以济亿兆，谈笑而定国家。至德大业无亏也，宗庙社稷无损也。玉帛朝聘之礼才出于境，而天下之兵已息矣。岂不易如反掌，固如泰山哉？何必扼腕盱衡，履肠蹀血，然后为勇也。故曰：'德如毛，民鲜克举之，我仪图之。'又曰：'知止不殆，可以长久。'又曰：'沈潜刚克，高明柔克。'此圣贤之事业，何耻而不为哉？

况大朝皇帝以命世之英，光宅中夏。承五运而乃当正统，度四方则咸偃下风。猃狁、太原固不劳于薄伐，南辕返斾更属在于何人。又方且遏天下之兵锋，俟贵国之嘉问，则大国之义斯亦以善矣，足下之忿亦可以息矣。若介然不移，有利于宗庙社稷可也，有利于黎元可也，有利于天下可也，有利于身可也。凡是四者无一利焉，何用弃德修怨，自生仇敌。使赫赫南国，将成祸机。炎炎奈何，其可向迩？幸而小胜也，莫保其后焉；不幸而违心，则大事去矣。

复念顷者淮、泗交兵，疆陲多垒，吴越以累世之好，遂首为厉阶。惟有贵国情分逾亲，欢盟愈笃。在先朝感义，情实慨然。下走承基，理难负德，不能自已，又驰此缄。近奉大朝谕旨，以为足下无通好之心，必举上秋之役，即命弊邑速绝连盟。虽善邻之心，期于永保；而事大之节，焉敢固违。恐煜之不得事足下也，是以恻恻之意所不能云，区区之诚于是乎在。又念臣子之情，尚不逾于三谏。煜之极言，于此三矣。是为臣者可以逃，为子者可以泣，为交友者亦惆怅而遂绝矣。"

这封长信很长很拗口，相信性情暴戾的刘鋹是没有耐心认真看完，也没有闲情逸致听潘大才子絮絮唠叨。读者如果细心阅读，那对当时南唐所处的形势及南唐君臣逆来顺受的心态，可以把捏得当且理解精确。

刘鋹接到这封信后，果真勃然大怒。破口大骂李煜无耻，一无是处。他直接将李煜派来的使臣龚慎义囚禁下狱，一气之下又怀着满腔愤恨写了封绝交信令龚慎义之子带回南唐，交予李煜。

李煜望着龚慎义之子带回来的绝交信，呆立了半晌，最后痴痴地说了句："完了。"

他说的是南汉，南汉被刘鋹一搅和，当真要亡国了。

诏令下，宋征伐南汉

刘鋹拒绝就此罢兵并臣服宋朝后，李煜即刻派遣使臣报告赵匡胤。并附上自己和刘鋹的往来信件，据此表明自己的一片忠诚，绝无半丝对不起宋朝的地方。

赵匡胤见了刘鋹在信中的嚣张气焰，气急败坏，很快决议发兵攻南汉。

赵匡胤命潘美为贺州道行营都部署，尹崇珂为副都部署出征南汉。次年二月，潘美攻克英州（今广东英德）和雄州（今广东南雄），进兵至距广州城仅十里之遥的双女山下。此时的刘鋹早已嚣张不起来了，他不得已狼狈逃窜。刘鋹紧急征集了十余艘船舶，船上满载珍宝重器和如花美眷，准备出海逃命。可惜，狗急跳墙往往没有什么好结果。最令刘鋹气恼的是，这批满载美女珍宝的大船，被他养的一大批宦官给劫走了。船被盗走，他再怎么想走也走不了了。可刘鋹也是倔强牛脾气，他很快自己动手扎竹筏，妄图逃脱宋兵的天罗地网，可惜老天爷不眷顾他。当夜，潘美便命大批兵士纵火将刘鋹新建的竹筏烧为焦土。刘鋹在一片火光中出现，整个人面色也如焦土。

刘鋹被押送至汴梁，又卖起乖来了。当初李煜劝奉其好好服从宋朝的话，此刻被他拿出一句句在赵匡胤面前鼓吹说赵匡胤是"命世之英，光宅中夏，承五运而乃当正统，度四方则咸偃下风"。又说宋朝处于"封疆接畛，水陆同途"的有利地位，实在是有一统天下的福相，是天意。

这人在给赵匡胤拍马屁的同时，也给自己找台阶下。他把罪名都推到龚澄枢和李托身上，甚至厚颜无耻地对赵匡胤说："在国时，我是臣下，澄枢才是国主。"

为了讨好赵匡胤，刘鋹还特地用珍珠制成鞍勒，做成戏龙之状献给赵匡胤。当时赵匡胤对群臣说："倘把这些心思用于治国，岂至亡国乎！"

有一次，赵匡胤单独召见他，赐他一杯酒。他想起赵匡胤素喜用毒酒鸩杀臣下，又想到赵匡胤要解救南汉黎民百姓的誓言。心里诚恐，不敢接下酒喝。宋太祖见他胆小如鼠的模样，心里顿觉畅快，笑着坦言："朕素以赤心待人，爱卿何惧？"便自己将所赐之酒饮下。

刘鋹心里惭愧，也更加危言危行了，赵匡胤耳根因而也清静了不少。

刘鋹的表现虽然不为人所齿，但他确实处处保全自己。亡国后并未因此丧了性命，并得到很好的终老。宋平定江南后，将刘鋹改命左监门卫上将军，又封为彭城郡公。宋太宗即帝位，再改封其为卫国公。太平兴国五年（980年），刘鋹去世。又被赠授太师，追封为南越王。一个亡国之君能做到如此地步，也算不容易。

这和将来的李煜，那是多大的对比呀！李煜是单纯的文人，他纯粹，纯粹地享乐，纯粹地哀伤，纯粹地抒愁。刘鋹虽是帝王，可他毕竟身上带着劣性。他享乐，他保命，他玩命，他也要小命。这就是二人最大的不同，也造就了二人命运的不同！

此时的赵匡胤想起远在南唐的李煜，抠着指头细数着说："下一个，该是你了吧？"

他随即将不仅前给他带来长江水文图纸的樊若水（不对，应该称为"樊知古"了）诏入宫中。赵匡胤见了樊知古，细细地打量了他一番。直看到樊知古不好意思，才开口道："爱卿在汴梁可过得好？"

"好，好！"樊知古见宋太祖如此关怀他的生活，感激涕零。过得再不适应，也当适应了。其实樊知古的生活的确过得不错，他不仅进士及第，还被赵匡胤授予了舒州军事推官的官职，负责搜集南唐军事情报。

樊知古想起自己今日成绩，心里真为当初自己的决断感到英明神武，为自己认得这样一个识才惜才的主子感动庆幸。

赵匡胤心思细密，见樊知古答应时目露哀色，又试探着问："爱卿可还有心愿？朕定当许你！"

樊知古见赵匡胤一语道破自己的心思，惊愕之余忙跪倒在地，将自己憋了近一年的心思倾吐而出。

"臣的确有不情之请。"他言辞恳切，对着赵匡胤道："臣长居舒州，虽和池州隔江相望，可臣终不得再见家人。陛下待臣有知遇之恩和再生之德，臣虽期盼与家人团聚，但决计不敢误了陛下大事。"

赵匡胤听了樊知古所言，居然轻笑了声，他眯缝着眼对樊知古说："区区小事，何足挂齿。朕定当全你心愿，你尽可归去待妻儿老母来与你相见！"

"陛下……"樊知古不敢置信，这他怎么敢想呢？他是南唐通敌叛国的罪人，是罪无可赦的叛国贼。他的祖国和他的陛下，还会保全他的妻儿父母吗？

樊知古不敢肯定，也害怕去想。

赵匡胤令他退下，随即派遣使臣入南唐见李煜，要其将樊知古家人送往汴梁。

李煜接到宋朝使臣所提要求后，心里倒抽一口气，他怕樊知古的家人已经不在了。

当然，李煜这样担心不是糊涂到连自己也记不清是不是杀过樊知古的家人。他担心的是南唐群臣不履行当日他的不杀之令，暗地里把樊知古的家人给做了。当时南唐群臣那个义愤填膺且沸反盈天呀，口口声声说要诛杀樊知古家人，诛灭他的家族！

官差来报，樊知古家人都安在。李煜这才松了一口气，他总算对赵匡胤有个交代了！

李煜暗念了几句："多亏佛祖保佑，如果当初煜一时冲动，犯了杀戒，今日怕是无法向宋交代了。"

李煜心里知晓樊知古可恨，可他也不能因为樊知古一人，开罪了整个宋朝。李煜小心谨慎地侍奉叛国奸细的家属，不日又遣使携带珍品，专车护送至樊知古处，并差人报赵匡胤。

赵匡胤对李煜的这一表现很是满意，望着樊知古所赠的长江图，他心想自己该得到的是不是应该更多些？

猫和老鼠的游戏越来越精彩了。

第七章　朝来寒雨急

赵匡胤平荆南、灭后蜀和南汉，轰轰烈烈，如火如荼，气势可比"秦王扫六合"。可南唐始终外修供奉，不敢有失，不给大宋一丝可乘之机。赵匡胤如一只睿智的狮子，等待着时机。而这一时机，他一等就是三年。三年，足以改变一个国家颓废的态势，足以扭转被动的局面，足以将未来化为未知。然而这样来之不易的三年，李煜却在一场大婚宴、一场大校猎、一次大赦和一次大普度中度过了……

一　饮鸩止渴

遣弟入宋，上表请去南唐国号

南汉的灭亡对李煜心理上造成了巨大的阴影，他十分担心赵匡胤将战祸殃及到南唐。自此，他更加专心地侍奉宋朝。遇到和宋朝打交道的地方，他变得谨小慎微，变得更加敏感多疑。

北宋开宝元年（公元968年），这是南唐发生大饥荒的年岁，也是李煜娶小周后的年岁。开宝元年六月，李煜派遣胞弟从谦赴宋朝贡。

所贡珍宝数倍于前，以满足大宋的胃口，讨好赵匡胤。

可这并不能封堵住赵匡胤的胃口，反观南唐，三面都被围堵上了，剩下的只是长江那道天险了。令李煜更加懊恼担忧的是樊若水已经将长江水文图传给赵匡胤了，那道防线还能稳固吗？

南汉被灭后，外间又盛传宋朝在京城玉津园东至宣化门外开凿教船池，引入蔡河水。教船池内有楼船达百艘之多，分列两队演习水战，模拟实战。赵匡胤为了鼓励操练军士，还前后五次亲临演习现场检阅水军操练，对教船池及楼船的设计颇为满意。临行还特吩咐水军们要好好练习，英雄不怕没有用武之地！

"英雄不怕没有用武之地？"李煜脑子一黑，赵匡胤这话是针对他吗？

李煜想起当初宋平荆南后，赵匡胤也是命人在京城开大池。挑选精壮士卒，大张旗鼓训练水军。这次又是这样浩大的声势，难道宋朝欲将南唐作为下一个目标？

"虔诚效忠。"李煜嘴里默念。只有诚心效忠宋朝，只有让赵匡胤完完全全放心，南唐才能免于祸患。

"也许，南唐应该不是个国家。"李煜冥思苦索："也许，我该更退一步！"

南唐对大宋称臣并去年号，可名义上还是国家，还是江南的大国。南汉不也是表面上顺从，最后还不是反了吗？

李煜力排众议，果断决定，要去南唐国号。

这和李景通所为是完全不同的性质，李景通只是对后周称臣，自己削去帝号。可南唐还是南唐呀，它始终是以国家的名义存在！

而李煜，将国家削去国号。这意味着，南唐将不再以国家的名义存在。而李煜也如赵匡胤座下的藩王一样，归他统领，为他管辖江山。

江山犹是，李煜这一拱手，江山是再也不会对他妩媚，再也不会对他笑了！

十月正是秋高气爽、丹桂飘香的季节。南唐的十月，秋意萧索。李煜派遣弟从善入宋朝贡，上表请去南唐国号。印文改为江南国，自称"江南国主"。

水波淼淼，樯橹声声。俊雅不凡的从善这一去，就如鸿鹄北去，一阵三声哀了。他宛如无根的大树，渺小的更似江中浮萍：

> 且维轻舸更迟迟，别酒重倾惜解携。
> 浩浪侵愁光荡漾，乱山凝恨色高低。
> 君驰桧楫情何极，我凭阑干日向西。
> 咫尺烟江几多地，不须怀抱重凄凄。

"不须怀抱重凄凄。"李煜默念着当时尚年轻的他同尚且年幼的从善一道为八弟从镒送别时所做的诗，满心希冀地盼着从善北去，一切安好。

凉风徐徐，吹皱了李煜的衣角。他望着立于船头俊秀的从善，心里有种说不出的感觉。

最伤是离别吧！李煜望着孤雁，想到从善所带的那纸印书，他忍不住吟起《诗经》所书《燕燕于飞》：

> 燕燕于飞，差池其羽。之子于归，远送于野。瞻望弗
> 及，泣涕如雨。

一步三声哀，听得李煜也落了泪。他的弟弟，这一去会是怎样的光景？

> 燕燕于飞，颉之颃之。之子于归，远于将之。瞻望弗
> 及，伫立以泣。

我已尽我所能，国之不国，主将无主。如此能保全我垂危的国度，保全我的身家吗？

　　燕燕于飞，下上其音。之子于归，远送于南。瞻望弗及，实劳我心。

我不过是落魄的文人，江山之于我，犹如指尖沙。终于在我的笑意和戏谑中，毫无保留地一点点流失。

贬损仪制，衣紫袍见宋

北宋开宝五年（公元972年），新春伊始，李煜便开始了全面的贬损仪制。

三省六部制自隋朝创立以来，一直是中国古代封建社会组织严密的中央官制。宋承唐制，设门下、中书和尚书三省，设吏、户、礼、兵、刑和工六部。

李煜为了避免和宋朝冲撞，便将"三省"改名。他将主要负责秉承皇帝旨意起草诏敕的中书省改为"左内史府"，将负责审核政令的门下省改为"右内史府"，将负责执行国家政令的最高行政机构尚书省改为"司会府"。

做完三省的改制后，李煜还不放心。他又将负责监察大事的御史台改为"司宪府"，负责文艺的翰林院改为"艺文院"，负责军事的"枢密院"改为光政院，负责案件审理的大理寺改为"详刑院"。

李煜已经自贬为"江南国主"，那他当初所封的亲王也要降一级。按照当时的身份惯例，亲王应改为国公。韩王从善改称"南楚国公"，邓王从镒改称"江国公"，吉王从谦改称"鄂国公"。

李煜连诏书也做了文章，改"诏"为"教"，不再以"诏"来发布号令。

做完这些贬损仪制的措施，李煜便耐心恭候宋朝来使到临。

今年早春，寒梅依旧。李煜一身紫衣立于梅树下，气度华贵。不再是天子专享的明黄，换上紫袍的李煜更见清俊。远远望着，那袭紫衣和腊梅融合在一起。梅下的贵公子宛如吐气的梅香，令人神往。

可惜现在他才穿上，李煜正正衣领，觉得以后就算一直能穿这衣服，他也是愿意的。

宋朝来使自是傲慢，可李煜也不敢怠慢呀！他以藩王之礼对待来使，不敢有一丝一毫的懈怠，力求做到完美。

来使见李煜恭恭敬敬，毫无怠慢，想起了当日李煜戏谑后周来使的情景。

时任后周兵部侍郎的陶谷奉命出使南唐，当时年少气盛的李煜和天性好玩的南唐名臣韩熙载联合起来一起折腾来使。

他们先是把歌妓安插到驿馆，打扮成普通杂役。私下却指使歌妓引诱陶谷，引得陶谷春心荡漾，二人一度销魂。

一夜风流之后，歌妓自然没要陶谷负责。她只是要求陶谷为她写首诗，让她能睹物思人，时时不忘萧郎。

自是怜惜美人，当即写了首《风光好》赠与佳人。

李煜从歌妓那儿得到这首词后，他随即令歌妓们认真排练，精心演唱。他决心排演一出好戏，给后周使臣点儿颜色瞧瞧。

"好因缘，恶因缘，只得邮亭一夜眠。别神仙，琵琶弹尽相思调，知音少。再把鸾胶续断弦，是何年？"

这本是饯行宴，陶谷听完歌妓弹唱，方如梦初醒。他望着李煜扬扬自得的笑容，心里恨得咬牙切齿，却又无法发作。

和他春风一度的歌妓，却好似没事儿的人一般。为他一杯杯上酒，一口口灌入。

陶谷借酒消愁，这一饮便是酩酊大醉不省人事了。

来使稍稍一提，李煜便想起昔日不恭敬之事。额间冷汗涔涔，手也止不住地哆嗦。

来使淡笑，不再言昔日之事。李煜更毕恭毕敬了，不敢有丝毫闪失。

李煜的表现已经足以让使臣复命。

使臣望着南唐皇宫屋脊，那里的"鸱吻"早已不见踪迹。这种装饰物是皇权的象征，李景通在后周使臣来的时候，把容易看见的拿掉了。而到了李煜手里，所有的"鸱吻"都已撤去。

南唐舆图，拱手让于宋

如果说当初樊若水以不光彩的手段将长江水文图献给赵匡胤是天灾的话，那李煜拱手相让"南唐舆图"，实在是南唐咎由自取的人祸。

那是李煜贬损仪制的第二年，即北宋开宝六年（公元973年），赵匡胤派翰林学士卢多逊出使南唐。来使的目的简单明了，堂而皇之地称"朝廷重修天下图经，史馆独缺江东诸州"，要李煜交出江南州郡的山川形势图。

殊不知这是一个严正的信号，而我们的李煜却忽视了。

在卢多逊出使之前，赵匡胤就已经对李煜多方施压。然李煜却并不为所动，或者说并未察觉。

李煜对弟弟从善的不祥预感果真应验了，从善入汴梁后，赵匡胤便以从善文韬武略为借口，加封他为泰宁军节度使。实则是软禁了从善，想以此来牵制李煜。其实节度使是应该坐镇藩镇的，但被任命为泰宁军节度使的从善始终被羁留在汴梁。赵匡胤为安抚从善，还为他安排了久居的豪宅。李煜想起那日从善远去的身影，心里一阵酸楚。他几次上表赵匡胤，请从善回归，均遭拒绝。李煜在多方争取无效之下，也只得遵从太祖安排。他派出户部尚书冯延鲁前往汴梁拜谢赵匡胤，并贺从善加官。

赵匡胤利用从善的第一步就是想借他之手劝李煜投降，赵匡胤对李煜贬损仪制、改诏为教和衣紫袍见宋的一系列表现十分满意，也让他看到了以和平方式收服南唐的可行性。他依照之前对从善的方式，给李煜更为高级的待遇。为使李煜及和他恩爱的小周后生活无忧虑，赵匡胤特下诏令工部在熏风门外、皇城南及汴水滨营建一幢足以和大宋朝宫苑相比肩的礼贤宅。赵匡胤本是节俭之人，可对于李煜的礼贤宅却颇费了一番心思，花了大笔的银子。他知晓李煜好物无度并性情奢侈，特意将这礼贤宅建得金碧辉煌威严大气。又令江南的能工巧匠设置园林、凿池堆山、构筑亭台水榭、铺设奇石并种植香花兰草。

竣工之后，赵匡胤遂命从善到此处一游。从善被礼贤宅气势所迫，被其构思精巧所吸引，不由得啧啧称奇。"这可比锦洞天呀！"从善惊呼，这番天地和香风比翠色的锦洞天也相差不多。

从善虽然佩服赵匡胤的手腕，可说到写劝降信，那实在是一件令他头疼的事，他实在不愿做这两边都容易得罪的事情！

迫于赵匡胤的威严，也迫于自己被幽禁的处境，从善还是写了封书信，规劝李煜尽早入朝。

李煜看到从善的亲笔书，心里万般感慨。可他终是不愿意入宋的，思及从善的处境，李煜只得叹息不能入宋呀！

他这一入宋，那新建的礼贤宅是不是就成了他的死穴？

赵匡胤知道李煜不入宋后，到底是怒的，他本已经做了两手的准备。

也许，该动用第二手准备了。赵匡胤凝神屏息，又在一瞬间蓦地睁开眼，双眸幽深黑亮。他已决议，不再心慈手软。

他要南唐的舆图，他要南唐的山川！

卢多逊带着帝王的使命，直奔金陵。这位在赵匡胤褪去"精武少文"外衣时，始终居于赵匡胤左右的翰林院名士，此时要带着王的使命，向李煜发号施令，也是向李煜挑战。

甚至是一次公然地向李煜挑衅。

"国之利器不可示于人"，这是老子千年前给统治者的告诫，一直被统治者奉为教条膜拜。此时的李煜却无视这一至理名言，竟亲手将南唐舆图奉送给来使，交与赵匡胤。

舆图展开，南唐的山川关隘凸显。千里河流绵延，大川沼泽遍布。锦绣江山千里长江之南那侧土地，宛如美人头髻。美人烟波横，眉峰轻聚。赵匡胤把眼睛睁得大大的，他已见到美人正对着他微笑，对着他招手。

二　孰不能忍

式微式微，云胡不归

赵匡胤利用从善的第二步，就是假借从善之手除去了林仁肇。

李煜枉杀忠臣，当时内心没有察觉是不可能的。他也明白当初林仁肇跪地请命，要求征伐大宋时的决心和意志。可他还是太过软弱太过敏感，因为从善的修书还有张洎的煽动杀了林仁肇。

杀了林仁肇之后，李煜是懊悔的，内心是苦闷的。他逃避，他不愿去想。他对从善牵肠挂肚，望他早日平安归国。

李煜是一个很重兄弟情谊的人，在他登基之后，便大封兄弟为王，给足利益。而不是像他哥哥李弘翼一样，四处打压猜忌自己的亲兄弟，令骨肉为陌路。

落地是兄弟，生来同手足。犹记得六年前，他同从善送八弟从镒出镇宣州送别的情景。当时的他们是如此血浓于水，如此相亲相爱！当时李煜写赠别诗还引得徐铉倾倒，意兴一到，再赋诗一首。

当时他们一行人，虽有离别的惆怅，可更多的是享受一觞一咏和畅叙幽情的乐趣。

徐铉写诗《御筵送邓王》，众人附和，拍掌击节：

禁里秋风似水清，林烟池影共离情。

暂移黄阁只三载，却望紫垣都数程。

满座清风天子送，随车甘雨郡人迎。

绮霞阁上题诗在，从此还应有颂声。

当时天朗气清，惠风和畅。李煜文思泉涌，他仰慕王羲之游目骋怀，不由兴怀感慨，当即挥毫写就了一篇《送邓王二十六弟牧宣城序》：

秋山滴翠，秋江澄空，扬帆迅征，不远千里。之子于迈，我劳如何。夫树德无穷，太上之宏规也；立言不朽，君子之常道也。今子藉父兄之资，享钟鼎之贵，吴姬赵璧，岂吉人之攸宝？矧子皆有之矣。哀泪甘言，实妇女之常调，又我所不取也。临歧赠别，其惟言乎？在原之心，于是而见。

噫！俗无犷顺，爱之则归怀；吏无贞污，化之可彼此。刑惟政本，不可以不穷不亲；政乃民中，不可以不清不正。执至公而御下，则佞自除；察薰莸之禀心，则妍媸何惑。武惟时习，知五材之难忘；学以润身，虽三余而忍舍。无酣觞而败度，无荒乐以荡神。此言勉从，庶几寡悔。苟行之而愿益，则有先王之明谟，具在于缃秩也！

呜呼！老兄盛年壮思，犹言不成文。况岁晚心衰，则词岂迨意？方今凉秋八月，鸣长川，爱君此行，高兴可尽。况彼敬亭溪山，畅乎遐览，正此时也。

他在劝勉从镒之余，又流露兄弟相惜之情。他以"刑惟政本，不可以不穷不亲；政乃民中，不可以不清不正。"告诫从镒要亲民要清正，又以"武惟时习"、"学以润身"和"无酣觞而败度，无荒乐以荡神"告诫从镒要提高自身修养，不要荒废心力。

至李煜对从善这个弟弟，却实在有心无力。当时赵匡胤甚至放出小道消息，称从善不肯归来的原因是"李从善沉溺于他赏赐艳姬的温柔乡中，乐不思蜀"。当时的从善妃听闻后，惶恐不安，以泪洗面。她多次入王宫向李煜哭诉，乞求李煜归还从善，归还她的丈夫！

此时的李煜，除了默然以对外，根本说不出安慰从善妃的话。他理解从善妃的言行，他还记得他每每出游，娥皇云鬟残乱的样子，他实在是不忍安慰呀！

他想起娥皇不理云鬟的模样，心里酸楚。此时弟妹也如娥皇当日的模样，他写了一首《阮郎归》：

> 东风吹水日衔山，春来长是闲。落花狼籍酒阑珊，笙歌醉梦间。 珮声悄，晚妆残，凭谁整翠鬟。留连光景惜朱颜，黄昏独倚阑。
> 伊人独居，故心人不知何日归来，式微式微，云胡不归？
> 式微，式微，胡不归？微君之故，胡为乎中露！
> 式微，式微，胡不归？微君之躬，胡为乎泥中！

又是一年重阳节，岁岁重阳，今又重阳。重阳本是登高的季节，可他心里惆怅。王维的《九月九日忆山东兄弟》中的"遥知兄弟登高处，遍插茱萸少一人"说的就是李煜的情景，他的弟弟从善还不得归国呀！他谢绝臣下邀他一同登高的盛情，挥笔写了《却登高赋》：

> 玉罍澄醪，金盘绣糕，茱房气烈，菊蕊香豪。左右进而言曰："维芳时之令月，可藉野以登高。矧上林之伺幸，而秋光之待襄乎？"余告之曰："昔时之壮也，意如马，心如猱。情㷍乐恣，欢赏忘劳。怡心志于金石，泥花月于

诗骚；轻五陵之得侣，陋三秦之选曹。量珠聘伎，纫彩维艘。被墙宇以耗帛，论邱山而委糟。年年不负登临节，岁岁何曾舍逸遨。小作花枝金颎菊，长裁罗被翠为袍。岂知崔华乎性，忘长夜之靡靡，宴安其寿。累大德于滔滔，今予之齿老矣！心凄焉而切切：怆家艰之如毁，萦离绪之郁陶。陟彼冈矣企予足，望复关兮睇予目。原有兮相从飞，嗟予季兮不来归。空苍苍兮风凄凄，心踯躅兮泪涟洏。无一欢之可作，有万绪以缠悲。於戏！噫嘻！尔之告我，曾非所宜。"

李煜不忍在兄弟未归之时，独自登高远望。此时的李煜是半醉半醒的，他不仅哀悯他的弟弟，他也哀怜自己呀！

"岂知忘长夜之靡靡，累大德于滔滔。"长夜漫漫，李煜在美人香怀中也安寝不得，他在惶恐不安中度过每一天每一夜。

"怆家艰之如毁，萦离绪之郁陶。陟彼冈矣企予足，望复关兮睇予目。"听出李煜这句"怆家艰之如毁"的弦外之音吗？李煜也看到自己的家国在废失，他的惶恐一日胜过一日。

"空苍苍兮风凄凄，心踯躅兮泪涟洏。无一欢之可作，有万绪以缠悲。"这样的悲情是与娥皇死时的"天漫漫兮愁云曀，空暖暖兮愁烟起。吊孤影兮孰我哀，私自怜兮痛无极。"相对比的。

试问，当真只是胞弟不归乡的愁苦令李煜如此失神吗？

不能尘埃落定的，不仅是缥缈的国度，还有孤寂的心灵。

冲冠一怒，抗拒朝宋

北宋开宝七年（公元974年），注定是一个不平凡的年头。

这一年，李煜杀了林仁肇，逼死了李平和潘佑。

这一年，赵匡胤对南唐态度变得非常强硬。他两次遣使下江南，以"礼"相邀李煜前往汴梁。

第一次，赵匡胤派梁迥口传圣谕，称："天子今冬行，令江南国主前往助祭。"

"行柴燎礼"应当指赵匡胤举行的祭天仪式，而所谓的"助祭"应当是暗指李煜以降王的身份出席仪式。如果李煜以降王身份出席，那他必须在祭天大典上对天下宣布南唐归属宋朝，并向天起誓，对宋朝永远忠诚效忠，而他李煜余生的富贵利禄将由赵匡胤安排。

赵匡胤之前已借从善之口试探过李煜，他对李煜是否会以降王身份来朝并无十分把握。梁迥临行前，赵匡胤又安排梁迥的随从密谋调虎离山之计。假如李煜抗拒入宋，不能成行的话，便要乘李煜送别使臣之机，随从强行挟持李煜，将他架上船绑回汴梁。

李煜对使臣邀请北上，本就恨得咬牙切齿，心里十分惧怕。当时的南唐大臣也对李煜北上忧心忡忡，都纷纷劝诫李煜莫要轻信使臣之言，千万不能自入虎口。

有臣言："南楚国公从善是前车之鉴，万不可陷自己于险境。"

李煜内心惶恐，想起从善，心里不由发酸。但他很快镇定下来，汴梁，的确是去不得的！

当时赵匡胤暗示随从要强制将李煜压往汴梁的消息不胫而走，消息一出，李煜吓得魂不守舍，几乎大病一场。

秋风秋雨，孤灯难眠。李煜心忧哀愁，望着熟睡在他臂弯里的小周后，她还是一脸的天真与美艳。

他不由得将她抱紧，狠狠在她额间亲一口。小周后不察觉，轻挪身子。李煜抽出手臂，听着窗外的夜雨。枫叶深红似血，他的眼一阵刺痛。

李煜起身下床，将心底愁苦叙写于笔尖：

晚雨秋阴酒乍醒，感时心绪杳难平。

黄花冷落不成艳，红叶飕飕竞鼓声。

背世返能厌俗态，偶缘犹未忘多情。

自从双鬓斑斑白，不学安仁却自惊。

说他头白了，其实他是愁到白了头！

说他不能背世，不能逃避。他有要守护的人，他的小周后，他的南唐祖业呀！

如此厌世，如此倦世，可终究为世俗牵绊。宛如他那晶亮无知的双眼，终究要被世俗抹上灰尘，终究要变得黯淡。

最爱还是填词，此番却是满腹愁绪，还是写首《乌夜啼》好：

　　昨夜风兼雨，帘帏飒飒秋声。烛残漏断频欹枕，起坐不能平。　世事漫随流水，算来梦里浮生。醉乡路稳宜频到，此处不堪行。

梦里浮生，偷得欢愉。李煜过了三十年的清平日子，现在却行路惶惶，不知该往何处。

老天不待人，晨光熹微，初曙微露。新的一天开始了，李煜该面对的，终究逃不掉！

赵匡胤在使臣第一次出使无果后，很快又派出第二位使臣，这次他派出的是知制诰李穆。李穆当时被封为国信使，手持赵匡胤诏书入金陵。这和第一次梁迥仅凭口传圣谕，口说"天子今冬行，令江南国主前往助祭"这几个字要慎重得多，也严正得多。

国信使，那是赵匡胤以大宋国的名义在召唤李煜；诏书，那是天子向李煜下的圣旨。二者承载之大，李煜一旦违逆，便是抗旨，便是不忠。

这是赵匡胤给李煜下的最后通牒，李煜一旦不从，他将万劫不复！

李煜却并未察觉到事态严重，他待李穆同先前的使臣一样，将使臣安排在清辉殿议事。言及"北上"之事时，李煜便言自己身体不适。上次染病未愈，难以入宋。

李穆自恃身份持重，哪里受得了李煜这样放肆的借口。他将赵匡胤的诏书展开，郑重宣读："朕将以仲冬有事圜丘，思与卿同阅牺牲。卿当着即启程，毋负朕意。"

李煜接旨谢恩后，一直低垂着头不敢说话。李穆见他面色心虚，又似好心地告诫李煜："古训曰，识时务者为俊杰。国主入朝，势在必行，国主当宜早而不宜迟。如待宋军南下之时，国主莫要使自己懊悔！"

李煜听得李穆威胁，听得宋军南下的恫吓，他心里倒是坦然了。他回应道："臣事大朝，冀全宗祀。不意如是，今有死而已。"

这是李煜一改软弱作风，说得很有骨气的一句话。之所以对宋称臣，他在乎的是南唐的基业还有李家的宗庙。如果赵匡胤连这点也不能忍让，一再逼迫南唐，令他退无可退，他必会以死与宋军抗衡，以此来抗拒宋朝。

李煜的话也使李穆震惊，他不由得又将话语加重了几分："国主入朝与否，权由自己决定，本使不便多言。不过，朝廷兵甲精锐，物力雄富。剑锋所指，所向披靡，迄今尚无一国能挡其锋芒。而今，天子已令我朝名将曹彬挂帅，屯兵江北……"

说到此处，他停顿了会儿，细心观察李煜面色。见他面色有些惨白，得意地继续说道："愿国主明智，莫不明大意，使陛下陷入难堪境地，还是及早入朝的好。"

李煜语气泰然，依旧是那句话："烦请尊使转奏圣上，臣年来体弱多恙，难经长途跋涉，恕臣无力入朝。"

李穆气愤地冲李煜甩衣袖，当即出庭院，第二日便回汴梁复命。

李煜气走大宋使臣之后，南唐朝堂惶恐不安。李煜言辞坚定果决，他向臣下起誓："他日王师见讨，孤当躬擐戎服，亲督士卒。背城一战，以存社稷。如其不获，乃聚宝自焚，终不做他国之鬼。"

"终不做他国之鬼"，李煜这话说得好气魄！南唐众臣为李煜激励，一个个也暗下决心，要和大宋血战到底。

此话传到赵匡胤耳里，赵匡胤却是轻轻一笑。他对臣下说："徒有其口，必无其志。渠能如是，孙皓和叔宝不为降虏矣！"

赵匡胤不相信李煜这话说出的是他自己的志向，他将李煜和亡国之君孙皓及叔宝相比。志在要灭亡南唐，收李煜为降虏。

"倔强不朝"的李煜给了赵匡胤征伐南唐最好的借口。

他听罢李穆出使的奏报，当即拍桌子定案——出兵南唐。

李穆还未回过神来，他不敢置信城府深沉的陛下，今天就这样草率地定下了征伐南唐的决议？

殊不知，赵匡胤已经等了三年。三年，他染霜的两鬓已彰显他的老成；三年，他已有足够的底气抗衡南军；三年，他已等到足以发兵的借口。

自此，南北狼烟起，一水分两峙。

究竟是谁，素手画美人，新点了蛾眉；又究竟是谁，悴了云鬓，染了寒霜，改了朱颜？

且看，笑揽风云动，睥睨大国轻。

第八章　四面楚歌起

"我歌岂诞兮天谴告，汝知其命兮勿为渺茫。"这就是当日项羽被围垓下之时，楚人所唱的歌曲。李煜有着和项羽与舜帝一样的重瞳，舜帝死于南巡途中，项羽自刎于乌江，而李煜也在走向命运的未知……

一　狼烟四起

卧榻之侧，岂容他人鼾睡

开宝七年（974年）九月，运筹帷幄的赵匡胤命曹彬为西南路行营都部署，潘美为都监，曹翰为先锋都指挥使，率十万大军征讨南唐。赵匡胤出兵之际，便直指南唐金陵城，他一再告诫曹彬："破城之日，不许杀戮！"

他尤其指出："如遇负隅顽抗，以致我军不得已需血刃敌手的，众将士也不能伤得李煜一门，休要加害一人。"

这是赵匡胤惜才的表现！他为了显示自己仁义，赵匡胤还把自己的剑交给曹彬说：“副将以下，不听命者，斩！”

"先南后北，先易后难"是总方针，赵匡胤对于各个阶段的各个国家，又制订了不同的作战计划。

赵匡胤令颍州团练使曹翰为先锋，自江陵率水军和骑兵出发，力图以快速多变的方式击溃南唐沿长江岸守军。主力兵分两路，分别由曹彬和山南东道节度使潘美指挥。前一路跟随先锋自蕲州顺长江而下，直逼金陵；后一路则从宋都城汴梁水东门出发，沿汴水再驶入长江。两路兵马相约会师池州，先攻采石，后进逼金陵。

赵匡胤还授早已投降宋朝的吴越王钱为东南面行营招抚制置使，并安排内客省使丁德裕为监军，领兵自太湖自东向西进攻南唐。从东南面配合南下的曹彬和潘美部队，力求对金陵形成掎角之势，直插南唐中心。

为了尽早抵达采石，曹彬统率兵马行进得相当迅速。很快绕过江州，直扑池州。此时的南唐守军却不知戎事已起，面对宋军来袭，还以为是江上的演练。更可笑的是，有人为讨好宋军，还特意奉上牛酒前去犒劳。结果是羊入虎口，死得不明不白。当南唐军士发现大事不妙、来者不善之时，挣扎抵抗已是无谓的了。最可笑的是南唐首战，池州守将戈彦见势不妙，立即弃城逃走。宋军不战而胜，轻取池州。曹彬攻取池州后，又马不停蹄，一鼓作气继续东进。宋军在曹彬带领下，势如破竹，连克铜陵、芜湖和当涂三座城池。后屯兵采石，待与潘美汇合，齐心协力共渡长江。

与此同时，南唐的君臣对宋朝军队势如破竹且步步紧逼的攻势却深不以为意。他们认为长江天堑固若金汤，宋军是不可能突破长江天险的。退一万步讲，宋军即使勉强过长江，也会招致元气大伤。到时候定会和南唐重修友好，不会再勉力进攻。

等多处重要边防失守，李煜心里丝毫不存愧疚之念，也不思考接下来的战略部署。早在他即位之初，当时的名士郭昭庆就特地赶往金陵，虔心进献《经国治民论》，强调要加强对池州和采石等处的边防多加重视。可李煜却不以为意，在他心里，长江天险是无人可破的。南唐的君臣不但懦弱昏庸，还很无知愚蠢！宋军在采石日夜赶造浮桥的消息传入金陵王宫，当时的李煜无知至极，对臣下说："朕以为这纯属儿戏，长江天险古往今来无人可破！"

当时实际掌权的张洎也自以为是地认为，宋军要借浮桥渡过长江，简直是痴人说梦。他的态度和李煜一样傲慢自大："臣读书无数，但有史记载以来，还闻所未闻造浮桥可渡长江之说，陛下不足虑也！"

李煜见张洎也附和自己，心里有了十足的把握。纵使赵匡胤再勇敢，但想要以浮桥克长江，实在是逆天而行，终究要失败的。为了安抚宋朝，李煜立马派胞弟江国公从镒入宋进贡，献上绢帛二十万匹和白银二十万两，妄图劝赵匡胤退兵。

南唐的歌舞依旧升平，霓裳羽衣曲起承转合，宫娥美姬风姿绰约。美人盈盈眉眼俏艳，云鬓松松挽就。李煜便在这样的声色犬马中，彻底地沉溺……

同样是夜，一江之隔，另一侧的赵匡胤又是一夜无眠。他也担心这浮桥究竟能不能起效用，他虽演练过，可对于浪大风急扑朔不定的采石，他也没有十足的把握呀！

大宋朝的军士忙碌一片！拉棕缆，牵竹索；悬铁链，安木板。不断地接合，不断地装卸；不断地抽离，不断地更进……在奋战了三个日夜之后，在熟知采石水文状况的樊知古指导下，在争分夺秒地进发中，大宋官军的辛苦终于得到回报。长江两岸终于显现了一座浮桥，宛如一条巨龙盘亘在大江之山。随着波涛扭动身躯，身姿凌厉，气焰嚣张。

长江水流渐平渐缓，这个月夜对宋朝官兵而言，过得安详宁静。而汴梁的赵匡胤，听闻奏报后，心里也乐呵了许多。长江之于他，再也不是"一风微吹万舟阻"。

采石之上的浮桥如一架神梯，将一批批北宋兵士和一匹匹战马送至对岸，直抵南唐疆土。

宋军行军声声如雷，马蹄狂乱，震彻南唐王宫。

节节败退，所用皆庸才

浮桥造起来了，宋军要渡江了！

这时的李煜方如梦初醒，他这才感到大难临头，自己已无路可退。被逼入绝境的李煜开始做最后一搏，他在澄心堂内设"内殿传诏"，令其心腹及为数不多的南唐重臣参与处理当前军事政务。当时的谋士徐游和徐辽兄弟，南唐军事大政专家陈乔和张洎，以及方针落实者吏部员外郎徐元和兵部郎中刁，执掌事实上兵权的新任"神卫统军都指挥使"皇甫继勋都参与其中。

李煜很快做出部署。他任命镇海军节度使郑彦华为主将，甄选精锐水师二万自溯江西进；任命天德都虞侯杜贞为副将，率领步骑军一万五千沿长江南岸西进。李煜试图通过水陆两军联合作战，进兵采石，迎战宋军。将长江天险重置于南唐控制之下，为南唐赢得从各地调军入京的时间。

虽是仓促调度，又是急行军，可李煜倒也不含糊。在郑彦华和杜贞率军出师之日，他亲临江岸为两位大将壮行。他叮嘱郑彦华和杜贞："二位爱卿要齐心协力，水陆联合，共同对抗宋师。成败在此一举，望爱卿深解朕意，为南唐破此难关。"

当时的郑彦华和杜贞都跪拜谢恩，豪情万丈。二人皆言谨遵圣谕，不辜负李煜一片期望，愿为国家抛头颅洒热血。一片丹心，肝脑涂地，死而后已。

可说的总没有做的好，正如赵匡胤当日讥诮李煜时所说的："徒有其口，必无其志。"

郑彦华指挥战船溯流而至采石，他仗着自己拥有两万水师，自负地以为必可和曹彬旗下的大部队一战。结果这位手握两万水师的南唐统帅，很快栽在了宋军的田钦祚部下。这让他心理防线崩溃，信心殆尽。莫说和宋军叫板，他连统帅军队前行的能力都快丧失了。面对宋军已搭建好的浮桥，又见到宋军旌旗招展，鼓声雷雷。他心里开始怯惧，他内心开始挣扎……终于，他下定决心——放弃用战舰摧垮浮桥的预先设定的计划。

郑彦华是主帅，他原先制定的方针是要和杜贞两路配合的。此时他的作战方案改变，莫说郑彦华这方扛不住，就连杜贞那方都吃不住了。杜贞是按照原先预定的计划——"兵半渡而击"行动的。当宋军沿浮桥南进至江心的时候，杜贞会率部下发起总进攻。可当宋军渡至江心时，杜贞率领部下出击，却没见到郑彦华部队。一万五千骑军和宋军主力交锋，结果可想而知。

杜贞经过浴血苦战，终因寡不敌众，全军覆没。

南唐军队首战战败的消息传到金陵，李煜心如鼓擂，心神不定。他感到形势危急，他感到南唐土地上已是狂风暴雨肆虐。又感觉自己漂浮在深海大浪中无处停留，他内心陷入漫无边际的黑暗……

此时的吴越兵正配合宋朝的军队，一步步逼近金陵南侧的门户润州。李煜对吴越为虎作伥的表现十分不满，他写信给吴越国王，怒斥吴越王的卑劣行径："今日无我，明日岂有君？有朝一日赵家天子易地赏功，王亦不过为汴梁一布衣耳！"

"一定不能软弱！"李煜告诫自己："已经没有办法了，必须要破釜沉舟，必须要悬崖勒马！"

盛怒之下的李煜，很快下诏与大宋决裂。他宣布废弃"开宝"年号，公私文书一律改用干支纪年。他还传谕京师戒严，动员兵民募集军饷，坚守城池。

郑彦华兵败后，李煜深感金陵城衰微，必须加强防御。为了保卫京畿，李煜急切寻求新的统帅。此时南唐国中几乎无人可用，朝中无将，最骁勇善战的林仁肇已死于李煜的亲手鸩杀之下。

李煜只得提升新人，他第一个提升的便是皇甫继勋。

任用皇甫继勋拱卫京师，这是李煜又一个致命的错误。

皇甫继勋少时从其父皇甫晖混迹军旅，参加过决定南唐命运的滁州大战。可惜这人十分怯懦，他在阵前怯懦后退，引得他的老子皇甫晖操戈击打。还多亏他当时躲闪及时，保得了性命。

皇甫继勋完全没有他父亲的勇猛坚强和坚韧不屈，"虎父无犬子"这话在皇甫继勋身上完全颠倒了。中主时期的皇甫晖，战后周时重创落马，被赵匡胤俘虏。他深明大义，铮铮铁骨。一心一意念着南唐，誓不降敌，大义凛然地拒绝接受后周提供的救治。后悲壮捐躯，以身殉国。

中主怜惜皇甫晖的儿子，对他另眼相看，多加培养。可惜这皇甫继勋实在是枉有"继勋"的虚名，实在继承不了皇甫家的荣耀，实在是枉为将门之后！他因为父亲的缘故得以加官晋爵，身份煊赫。又凭借自己尊贵的身份和便利的权势，四处敛财，皇甫继勋和当时的德昌宫使刘承勋，以及原南平王李德诚并称"金陵三富"。

对皇甫继勋来说，自己在金陵城的财富地位才是他最关注，也是最希望保全的。他并不理会战事，完全不懂"兵贵神速"的道理。他和无能懦弱的郑彦华相比，有过之而无不及。

从他募集的拱卫京师的兵士，就可以看到这个人是多么的无能，多么的可恶！

为了加强军队人数，他编制了花目繁多和鱼龙混杂的军队名目。搅得军队上下一团泥水，又如一盘散沙。当时招牌花俏竟有十三种，按当时规定，凡是家产超过两千的人家，必须出一人当兵，美其名曰"义军"；又规定当儿子与父母分家另立之后，家中还必须再出一人当兵，这称为"生军"；还规定新增产业的人家也必须出一人当兵，这称为"新拟军"；有三个儿子的家庭也必须出一人当兵，这称为"拔山军"；最可笑的是，端阳节赛龙舟获胜者也必须被强征入伍，这称为"凌波军"，目的是壮大南唐水师；还有以奴隶组成的"义勇军"、富贵人家以私财招募的"自在军"，以及在南唐境内四处收罗的"排门军"。

把这些杂牌军送到前线去做炮灰对抗宋师还能理解，但把他们放在京师守卫王宫，李煜若是知晓，那感觉绝对像枕边埋了一颗定时炸弹。

可是有办法改变吗？此时南唐国危，不是兴军策的时候。南唐帝王处处受人挟制，国中已挑不出出色的治军人才了。

赵匡胤的部队并未停下进攻金陵的脚步，而早已效忠宋朝的吴越王丝毫不听从李煜的劝告，反而进攻得更加猛烈。吴越兵马继续西进，很快兵临常州城下。当时南唐驻扎常州的守将禹万诚十分干脆地献出城池，举旗投降。南越军队继续挥师西进，金陵东面门户润州告急。

此时的赵匡胤已经夺取了金陵西侧门户采石矶，如若东侧门户一破，金陵城池就处于两面夹击之中，岌岌可危也。当时的李煜也认识到润州重要的战略位置，他不得不慎重选择一名好的将士把守此城池。

李煜为确定润州守城合适人选，还特地举行了廷议，共同商定人选。经过商议，大臣纷纷推举李煜的亲信——"藩邸旧人"，即厢虞侯刘澄。李煜平日待刘澄十分宽厚信任，荣宠无以复加。令他镇守润州，李煜对他的忠心并不怀疑，他甚至担心起这位宠臣的安危。临行前，李煜特地为他赐宴，对他寄以殷切厚望；同时也预祝他能凯旋，李煜说："卿本未合离孤，孤亦难与卿别，可非卿无以担此重任。勉力为之，莫负朕望。"

刘澄当时也泣涕如雨，他当着李煜及南唐大臣发誓要与润州共存亡！

刘澄不仅视死如归，还大义凛然。他离开金陵时，将自家财宝随军一同运往润州。属下问及，他便面色凝重地对下属解释："这些珍宝玉器，都是陛下赏赐的。如今南唐蒙难，国家衰微，我留之何用。还不如随老朽同往阵前，也可作为有功将士的奖赏，这也对得起陛下的天恩呀！"

这样的话足以令每一个南唐军士落泪涟涟，也足以令来犯的宋朝军士担忧受怕，南唐竟然有这般爱惜军士和精忠报国的将士？

可惜珠宝玉器毕竟是财富，究竟该如何处置，全凭拥有者安排。如果我们是这批财富的拥有者刘澄，我们可以确信两点。第一，钱始终在自己羽翼之下，这会令人安心；第二，有钱能走遍天下。未来无论变数如何，有钱有照应，有钱有保障！

刘澄率师进驻润州之际，吴越兵初临润州，此时尚在城郭外沿。时值流金七月，天气燥热。吴越兵经过长途跋涉，又遇上如此恶劣的天气，兵困马乏，士气低落，此时正是发动进攻并一举攻下南越军的大好时机。可当时的刘澄却下令属下按兵不动，不可草率出击。属下十分不理解刘澄的安排，便斗胆请示。刘澄是如此答复部下的，他信誓旦旦地说："澄奉命守城，不战则已，每战必胜。目前兵力尚不足以一击制胜，出去迎击只会消耗自己的力量。待援兵一到，我军便可出击。到时运筹帷幄，必可决胜。"

当时的李煜听闻刘澄急需增援，只得抽调正竭力坚守秦淮水栅的凌波都虞侯兼沿江都部署卢绛率领八千精锐，前去增援润州。

卢绛受命于危难之际，丝毫不敢怠慢。他心系润州安危，又为了不使这八千精兵因酷热天气兵困马乏而战斗力低下，他下令在夜间强行军。夜出昼伏，终于及时赶到润州城下。

援兵到了，刘澄部下兴奋雀跃。军心激昂，满腔热血上涌。几乎人人口喊"誓杀敌军"，可当时的刘澄一点也不高兴。

刘澄对于卢绛的到来不仅不高兴，还很仇恨，也很忌惮！当时的卢绛应是南唐数一数二的将才了。他和林仁肇一样，统军有方，胸有韬略。早在李煜劝诫吴越王时，卢绛便直言吴越早已是宋朝走狗，应该予以剪除，不可姑息。可当时的李煜一意孤行，延误了战机。

他甚至将具体方略说与李煜听："吴越仇雠，腹心之疾也。他日必为北兵向导以攻我，臣屡与之角。知其易与，不如先事不不意灭之。"李煜担心宋朝来犯，不肯进攻吴越。卢绛又恳切地说："臣请诈以宣歙叛，陛下声言伐叛，且赂吴越乞兵。吴越之兵，势不得不出。俟其来，拒击之，而臣蹑其后，国可覆也。灭吴越，则国威大振，北兵不敢动矣。"

可李煜终究没有听取卢绛一举击溃吴越威慑宋朝的建议，一意孤行，延误了战机。

卢绛是毫无疑问的主战派，同时也是"擅战派"。他精于水师作战，尤其是在对攻吴越水师之时，他俘虏过敌舰，几乎没吃过败战。

刘澄视卢绛为眼中钉，他恨这颗老鼠屎，害了他酝酿已久的一锅粥！刘澄实是道貌岸然且欺世盗名之徒，他心里早已做好倒戈大宋的准备。

与其说刘澄是去守卫润州保护金陵门户不失，还不如说他是去给赵匡胤献城池开门户的；与其说刘澄带上所有家当是为赏罚分明犒劳将士，还不如说他是敛财好将来在汴梁享受的！

无耻者如此，古往今来有几人何？笔者为李煜感到悲哀，为金陵百姓感到悲哀，也为刘澄这老家伙自己感到悲哀。

为了清除卢绛这道挡住他富贵发财和升官晋爵之路的障碍，他开始处处设计卢绛。意图杀死他，一了百了。

刘澄先是派人暗杀卢绛，结果未成功，反被卢绛发觉。

他处心积虑寻找时机，当他得知卢绛与手下的一位将军意见相左后大发雷霆之时，他便立即向那位受了卢绛呵斥的将军进谗："卢将军恨上你了，莫说有出路，恐怕连生路都没了吧！"

这话多么危言耸听！那位将军被他震惊了，惶恐不安之下忙请教该怎么办。刘澄便做出一个杀的手势，要他杀了卢绛。

当时那位将军犹豫不定，杀人和被杀对他而言都是骇人的，他说："我的亲人尚在都城，如若事不成功，朝廷追究起来可怎么办？"

"我的家人上百口不也是在金陵吗？事态紧急，我们应先保全自己。至于亲人，一切也都只能看造化，顺意天命了！"

可惜借他人之手，刘澄还是不能杀掉卢绛。无奈之下，刘澄只得尽力将卢绛逼走。

让他从自己视线里消失，再也碍不着自己，这是最有效也是最迫切的！

刘澄又借酒宴间隙，向卢绛进言："现在都城危急，万一失守，你该怎么办？"

卢绛见他问得心虚，倒是回答得更加坚定："我们都是奉君王旨意守城的，城在人在，城亡人亡。我是援兵将领，定会以身作则，齐力抗击宋师。"

刘澄见拿金陵城安危打压卢绛，卢绛面上还是显露几分担忧之色的。当天傍晚，刘澄派遣裨将给卢绛送去了巨款。

刘澄本意以巨款贿赂卢绛，邀卢绛一同降宋。卢绛挂念金陵城安危，便收下这笔巨款犒赏八千将士。随后率军开拔，直接折回金陵，保护都城。

宋军见卢绛领兵撤退，便和吴越兵联合，从三面围攻润州城。刘澄见宋军行动了，便连夜召集部将商议"大事"，引诱南唐将士投降。

这人欺世盗名的功夫不是一般的强，当夜他说起话来语气哽咽，悲不自胜："澄与诸将守城多日，志不负国。不料而今形势危急，不知诸将有何打算？"

诸将听出话里深意，他要挟众投敌！在场的不少将领泣涕而下，呜咽出声。

面对这样的情势，刘澄趁机添油加醋。他仍不忘装出一副无辜无奈的走投无路样，他对众将士说："陛下对澄有知遇之恩，如今吾等身陷三重包围圈中。如若九死一生能换得润州城保全，那也在所不辞。可如今我方已身陷囹圄，只能另觅出路，得以保全。澄与诸位一样，上有老下有小，全家几百口的人命都悬系在我一人身上。如今怕也只能顺应天命，兵败是死，战亦是死。怕只有投诚才能保全一命，才能再添富贵。"

当时有不少将士对他卑劣的行径感到不齿，可刘澄却不再给他们时机。他直接向宋朝请降，即使再想反抗的军士，也只能认命。

吴越和北宋联军轻轻松松地得到了润州，金陵城东面的门户自此打开。宋军挥师西进，很快就兵临金陵城下。

李煜听闻刘澄变节的消息后，心里十分愤怒，当即下旨拘捕诛杀刘澄全族。

刘澄全族伏诛，在整个南唐国内都是大快人心。刘澄有一女年方二八，本已许嫁他人，可得赦免一死。然而刘澄的女儿却并不苟活，她视父亲预谋投降为平生奇耻大辱。毅然拔剑自刎，血祭国家。

除了刘澄这叛国逆贼，皇甫继勋也是个十足可恶的家伙。他指挥不力，致使南唐丢了金陵西面最后一道屏障采石矶。采石矶丢掉后，这人还不思悔改。心里还打着自己的如意算盘，将整个金陵城拖进内外交困且形势恶劣的局面。

采石矶失守，润州失守。金陵城东西面告急，唯一可守的只有南面溧阳一处门户了。

南唐有一名统军使名唤"张雄"，此人十分精忠报国。李景通朝时，后周入侵南唐，当时的淮南民众为保家卫国，联合组织了"义军"，以此对抗后周军队。张雄便是义军首领之一，后被李景通收服委以重任，先后担任袁州和汀州刺史。李煜即位后，改任统军使，留驻袁州及汀州。

如今金陵陷入危难之中，已是迟暮之年的张雄老当益壮，穷且益坚。他想起昔日后周军队踏足南唐山河，染指南唐江山的旧日情景。当时四面皆是马蹄狂乱，风声鹤唳……这令他不由得老泪横流，感叹时局艰难。在接到李煜要求各地统军和节度使勤王的命令后，他行前对自己七个儿子说："吾必死国难，尔辈不从吾死，非忠孝也。"

他的七个儿子见父亲下了必死的决心，也不愿被父亲当做不忠不孝之徒。他们眼含热泪接受父亲命令，父子八人一齐北上勤王。张雄父子行至溧阳城外，又接到朝廷要求就地待命的命令，便暂时留驻溧阳城。

当时随军参赞监察御史许逊认为溧阳地势平坦，无险可恃。易攻难守，军队留驻此处绝对是被动挨打。他决定先行入金陵城，希望李煜能尽快安排张雄部队入城。行前他又害怕张雄莽撞，一时意气用事坏了大事，便反复叮嘱他："公在此少安毋躁，莫要轻举妄动。宋军如若蓄意挑衅，公切忌轻率迎击。吾行速去京师请命，归来与公入城。"

结果当夜宋军在田钦祚统帅安排下，果真前来蓄意调唆。张雄气血上涌，率领所带的几万人马与宋军战于溧水，结果战败。士卒仅余千人，张雄与其七子力战，俱死。

溧阳失守，为宋军打开了金陵南面的门户。宋军在潘美带领下顺利抵达秦淮河畔，宋军已进入金陵都城。而离金陵宫城，就只有一水之隔了。

宋军三面合拢，很快钳制住金陵城，就坐待瓮中捉鳖了。

金陵交困，瓮中鳖更类井底蛙

金陵被围困的消息，作为金陵王宫的主人李煜，却是毫不知情。

如果论及过错，那我们可以说，这是卑鄙无耻的皇甫继勋的错。皇甫继勋十分阴险狡猾，在失了采石矶后，他对李煜面上恭恭敬敬，还做出金陵城守卫森严的表面姿态。他下令关闭金陵外城城门，严防宋军突袭。实际上却不认真戒备，浮于表面。

他不认真戒备，跟无能有关，也跟无德有关。他跟卖国求荣不知廉耻的统军刘澄相比，可以说是"青出于蓝而胜于蓝"。他见证了刘澄欺瞒整个南唐朝廷入主润州，又将润州卖与赵匡胤的过程，也见证了刘澄献城投降后满门被抄斩的惨烈景象。综合二者，从中得出他要献上足以令赵匡胤垂涎眼亮的筹码，比如整座金陵城、南唐皇帝李煜，以及他的一箩筐臣子和金陵城的如花美眷等。他要投诚，要投得漂亮，要投得悄无声息，要做得不着痕迹。要让所有和他一起站在宋朝军队面前的人都觉得我们是不得已，我们已经尽力，我们无法改变！

可狐狸总是会露出尾巴的，皇甫继勋毕竟年轻，毕竟气盛。当听到金陵门户被屡屡攻陷的消息时，他便偷偷躲在角落里兴奋，手舞足蹈，恨不得拿块豆腐撞撞。金陵门户破一个，赵匡胤的军队就离金陵城近些，也离他的梦想近些。

皇甫继勋手下的将士对他的表现十分不满，也暗暗猜想这位统帅变节的可能。几位将士便不再倚靠他，私下集合守军中敢死正义之士，密谋出城，奇袭宋军营地。这事被皇甫继勋发觉后，当即被拦了下来。并对领头者严加刑罚，施以重刑。一些军士无法忍受其卑劣行径，欲上书报与李煜。很快便被压制下来，并受尽皇甫继勋打压管制。

皇甫继勋扣压的奏折战报，除了弹劾他的参本外，更多的是南唐军事奏报。当李煜召他入宫询问战事情况的时候，皇甫继勋起初还会以各种零零散散的借口搪塞李煜。到了后来，他便直接以军务繁忙为理由拒绝入宫报告。

这也可以说是南唐事实上的掌权者张洎的错，皇甫继勋有这样大的胆子，很重要的原因是张洎的默许和纵容。张洎是事实上的掌权者，可他毕竟不是皇帝。南唐不是他的家业。他要的只是权力与财富，权力和财富无处不在。此时的南唐正在灭失，与其沦落，身为俘房，还不如另觅良木，再得财富，升官晋爵。当时的张洎不仅包庇皇甫继勋，他还直接参与其中，蒙蔽李煜。李煜在都城被围困期间还和道士专心谈《易》，一直被后世视为笑柄。殊不知，这道士就是经由张洎推荐并特地从鄱阳湖赶着入宫的周惟简。其精通《周易》六十四卦，宣扬乾坤变幻和因果报应。并言南唐必可扭转颓势，国运亨通。

有道必有僧，面临着国破家亡威胁的李煜满心愁苦，他除了找到周惟简一起说道之外，还和常居于他宫室的小长老一起论佛。他是如此相信佛法，佛法无边，普度众生。小长老也和他说金陵无难，南唐可保，宋军指日可退。李煜为了向佛祖表达自己的虔诚，在国家交困之际，还专门花心思花钱在王宫中辟净室，召高僧德明、云真、义伦和崇节入宫讲解《楞严经》及《圆觉经》。

南唐乙亥岁（公元975年）农历五月的一天，李煜终于看见了金陵被围困的画面。

这时距宋军围城，已经有三个月了！

李煜被眼前的景象惊呆了！本还是和宰相殷崇义谈笑风生的，远处战船林立，旌旗蔽空。李煜眉宇间满是得意，立于城楼的他豪情万丈。

这是死忠于他的军士，这是守卫皇都的精兵！

李煜意气风发，正想对一侧的殷崇义感慨万千，却见殷崇义已经低垂下了脑袋。

再抬眼，看清那面大纛上醒目的标记——宋，他脸上的笑容瞬间凝滞。

李煜没对下属随从下令，便一个人疾走出王宫。他走得很急，跟随者面面相觑，心里发虚——不知陛下将做何事。

他大手一挥，急召皇甫继勋入宫，不容他说一个不字。

皇甫继勋火速前往王宫，他一路虽有些不安，可还是思量着应对李煜的借口。

可惜，这次李煜没给他任何机会！

皇甫继勋从未见过这样的李煜，一向儒雅潇洒气度不凡的李煜此时面目狰狞，宛如地狱修罗直勾勾地看着他。

"臣该死！"皇甫继勋慌忙跪倒在地，使力叩头。他不找借口了，他知道自己有罪，只求李煜开恩。

可李煜哪里饶恕得了他，李煜阴沉着脸，心里一个声音不住地在呼唤他："杀了他，杀了皇甫继勋，杀了皇甫继勋！"

当皇甫继勋还跪在地上哭喊饶命之时，身上早已被人摘掉乌纱，剥去戎装……

被侍卫推出去之时，皇甫继勋嘴里还喊着，心里却是绝望至极。他不敢相信，一向懦弱的李煜，就这样残忍地要了他的命。

更为残忍的是皇甫继勋怎么也料想不到自己会死得如此狼狈耻辱，连一头狗都不如。皇甫继勋尚未被推至午门，便被南唐宫廷武士和来往百姓拳打脚踢，刀砍棍打，活生生地被撕成了碎条子。

杀了皇甫继勋后，李煜冷静了些，再气愤也要面对当前的情势！

"可有退敌之法，金陵城不是有十万的水师精兵吗？"他气急，他再无知，秦淮河上厮杀声，他好歹也是听得清楚的吧？

"潘美已率军渡河！"这话一出，李煜心里更是气愤。气愤之后，心里一片死寂。十几万的水师，怎么就这样悄无声息地被灭了呢？

宋朝大军到达秦淮河畔时，形势对他们而言也是十分危难的。当时舟楫尚未备足，金陵城下尚有十万水兵列阵。统帅潘美为鼓励兵士，他毅然决然下令道："岂能因这秦淮河的脂粉水阻隔我军直取金陵之路？"言毕，他身先士卒跳入河中，向河对岸杀去。宋朝大军被统帅英勇果敢激励，也紧跟统帅冲锋。南唐兵被宋师气势威慑，一时间阵脚大乱，一溃千里。

"卢绛呢？"李煜点数着屈指可数的将帅，"他呢？"

"卢将军八千骑兵难破金陵之围，现已率师转战宣州和歙州。"李煜听完，无力地闭上眼睛。

他也知晓卢绛只有八千骑兵呀，他只想让自己踏实些。如果有将帅在他身侧，至少不会让他感觉这般无人、无助、无力。

"如今金陵城被围困，陛下应派人突破敌军防守。发动长江上游的兵力，与敌人背水一战。"说这话的是主战的陈乔。

陈乔话音一落，便有大臣跳出来指着他鼻子质问，当时的卫尉卿陈大雅驳斥他："你素以赤诚报国自诩，陛下待你特别照承。金陵城陷入宋军包围之中，我也没见你向陛下报告过军情。现在又有什么资格说要陛下发上游兵力，自己却不敢突破敌军围堵？"

李煜也明白陈乔意有所指，他是想让陈大雅突破宋军堵截。当时的李煜对陈大雅不敢突围也十分气恼，越是如此他越要逼迫陈大雅："爱卿急人之所急，救人之所需。如今金陵围于敌手，还是请爱卿为朕走一趟吧。"

陈大雅无奈，又继续道："疾风知劲草，板荡识诚臣。陛下大恩大德，我不能报以万分之一。如今情势衰微，如若能力挽狂澜，臣定当竭忠尽智……"

"自从先帝割江北以来，南唐基业已经不稳，朕屈尊事奉宋朝，不敢有失，诚不得已而为之也。如今金陵被围困，宋军要击破金陵，当是易如反掌。如若朕出城投降，怕是宋军不允。朕寄希望于上游之兵能解金陵之围，如若不能，宋军亦会大受折损，届时可复议投降之策。"

陈大雅听李煜如此解释，只得领命密谋出城。携李煜亲笔书信，前往南都洪州，宣召神卫军都虞候朱令赟从上游率军来解救金陵之围。

为了争取朱令赟北上的时间，李煜又派亲信徐铉，以及和他论说《易》的方士周惟简一起出使宋朝，携自己亲写的《乞缓师表》乞求宋朝缓师：

臣猥以幽孱，曲承临照，僻在幽远，忠义自持，惟将一心，上结明主。此蒙号召，自取愆尤。王师四临，无往不克。穷途道迫，天实为之。北望天门，心悬魏阙。嗟一城生聚，吾君赤子也；微臣薄躯，吾君外臣也。忍使一朝，便忘覆育，号眺郁咽，盍见舍乎？臣性实愚昧，才无异禀。受皇朝奖与，首冠万方。奈何一日自踵蜀汉不臣之子，同群合类而为囚虏乎？贻责天下，取辱祖先，臣所以不忍也。岂独臣不忍为，亦圣君不忍令臣之为也。况乎名辱身毁，古之人所嫌畏者也。人所嫌畏，臣不敢嫌畏也，惟陛下宽之赦之。臣又闻：鸟兽，微物也，依人而犹哀之；君臣，大义也，倾忠能无怜乎？倘令臣进退之迹不至丑恶，宗社之失不自臣身，是臣生死之愿毕矣。实存没之幸也。岂惟存没之幸也，实举国之受赐也；岂惟举国之受赐也，实天下之鼓舞也。皇天后土，实鉴斯言。

"一城生聚，吾君赤子也；微臣薄躯，吾君外臣也。"李煜将自己看得低微，摇尾乞怜地向宋朝要求宽限，能言善辩的徐铉及圆滑世故的周惟简能动摇已积蓄三年实力的赵匡胤吗？

南唐夏暑渐消，秋意正凉，又现无限萧瑟！

二　国陷为虏

舌战赵匡胤，"百无一用"是书生

徐铉入宋朝后，赵匡胤及其大臣们就料想到他此行的目的。众人开始议论纷纷，这人巧舌如簧，该用什么方法打发他好呢？

于是第一个问题摆在了赵匡胤面前，他究竟该选派谁去作为徐铉的馆伴，接待这位不速之客呢？这人要斗得过徐铉的铁齿铜牙，又要有十足的定力，不能被徐铉蛊惑了心智。到时胳膊肘往外拐，那可是大大地不妙呀。

群臣咂开舌头互相推举之时，赵匡胤却是云淡风轻，他心里已经有了人选。

要使一个人死心，最好的方法便是毁灭之。既然徐铉能说得天花乱坠，我何不如找个不识大字的人伺候他？听不到也就心不烦了，这徐铉辩得过人，可辩不过石头呀，这岂不是解决了？

赵匡胤的用人举措，令群臣大跌眼镜，可事实却是这实在是不可多得的妙计！

徐铉果然在这馆伴面前夸夸其谈，反复言说宋不征讨南唐的利益。可馆伴却不置一词，徐铉说得口干舌燥。最后不由得感慨："我长这把年纪，这次算是遇上高手了！"

这也令徐铉暗自惊心，要想劝服赵匡胤，那实在是件艰巨而又充满变数的挑战。

赵匡胤还是很给面子的，他邀徐铉入便殿，亲自接见这位南唐才子。赵匡胤出身行伍，立国后苦学读书，有时闲暇也会和文人墨客畅谈一番。江南人杰地灵，才子众多，赵匡胤很想和这鼎鼎大名的徐铉较量一番。

赵匡胤平时不多话，可这并不代表他不会说话；相反，他说话和他用人一样，旁敲侧击，很有策略性。

徐铉很识礼节地向赵匡胤跪拜，并呈上李煜的《乞缓师表》。赵匡胤双目含笑，一面审阅李煜上的表；一面不露声色地观察立于一侧的徐铉。

赵匡胤看完徐铉所呈的赵匡胤的《乞缓师表》，却不言表中关于"缓师"的请求，倒是颇有兴致地打探起李煜所写的诗文来。

他笑意不改地对徐铉说："朕听闻江南国主作诗颇多佳句，流传甚广，卿为朕诵一首如何？"

徐铉本思量着如何劝服赵匡胤退兵，此时被赵匡胤一问及诗文，困惑讶异之后，忙将自己最喜欢的李煜《三台令》中的名句诵出口："月寒秋竹冷，风切夜窗声。"

赵匡胤听罢放声大笑，当即对徐铉摇手说："哈哈，此乃寒士语！壮士不为，朕亦不为也。"

徐铉是文人，是才子。他被赵匡胤笑声一刺激，心里觉得受了嘲讽。当即反唇相讥："臣斗胆，愿听陛下所作非'寒士语'。"

在场大臣面面相觑，无不为赵匡胤担忧。赵匡胤毕竟是军士出身，个性豪爽豁达。对于文辞诗赋，他有所涉猎，怕也是知晓个皮毛而已。

赵匡胤镇定自若，他回答道："只需心怀凌云壮志，'非寒士语'便可信手拈来。朕发迹之前，四处漂泊。一日途经华山脚下，当时月光皎皎，四野笼罩在一片月华中。朕当时心如明镜，随即咏'未离海底千山黑，才到中天万国明'的非寒士语。"

赵匡胤诗句刚落下，徐铉便傻了眼。李煜的确没有这样的大气魄，由一月联想至万国。而他自己，也没这样的胆识那样的见识。他为赵匡胤的气场慑住，再也说不出辩驳的话。

在"非寒士语与寒士语"的争论中败下阵来，这令一向以文采斐然标榜的徐铉十分郁闷。他心底暗暗发誓："一定要劝服赵匡胤，自己绝不能输。"

徐铉是聪明之人，他在夸耀赵匡胤壮志凌云的同时，开始将话题引向此行真正的目的，即要宋军缓兵甚至退兵。

徐铉对赵匡胤细细分析保留南唐的利处，就像战国时烛之武以自己三寸不烂之舌屏退秦师。可赵匡胤始终笑意不改，丝毫不为他的字字在理的分析所动。

徐铉怒了，对着赵匡胤冒犯地吼了声："国主无罪，陛下师出无名。"

处于皇座上的赵匡胤依旧笑意不改地对着他，他实在想不通他进军南唐这样简单的道理，为什么饱读诗书的徐铉会不懂。徐铉冒犯他，让他很没面子。可他并不往心里去，他心里觉得徐铉可怜。在朝臣的目光中，赵匡胤缓步走下王座。徐徐向徐铉走近，接着停靠在他身边。

赵匡胤全身散发着皇帝的威严，这令徐铉感到巨大的压迫感。他见赵匡胤不言语，以为是有所动摇。便乘胜追击，接着说道："李煜一心一意侍奉陛下，就如儿子侍奉父亲一样。从未出过过失，陛下为何出兵征伐？"

赵匡胤眯缝着眼睛，细细地打量他。徐铉眼里已露出惊慌之色，嘴巴却依旧不依不饶，接着陈列宋军征伐南唐种种不符道义的地方。

赵匡胤听完后，态度并不激烈，十分客气地反问了徐铉一句："卿方才说'如子事父'，那朕想问句，如果同为父子，却要分成两家，这样做又合不合乎道义呢？"

172

这话说得徐铉哑口无言。

无疑，这一次他又败了。

赵匡胤为了给徐铉及南唐来使一个更大的下马威，便对徐铉身侧一直沉默的副使周惟简道："爱卿以为何？"

周惟简见皇帝问他话，心里发虚，胡乱应了说："我乃山野小民，此次实是受命于国主，诚不得已。小人若是说错了话，恳求陛下莫要追究，小人还要留着小命去终南山求仙药呢！"

"有趣，有趣！"赵匡胤对这位副使的表现十分满意，一边的徐铉脸一片青黑。

徐铉对赵匡胤的傲慢和睿智实在没办法，他穷尽脑子也想不出能劝服赵匡胤的言语。

该说的，都说了，难道真的没办法了吗？

徐铉为自己可怜的才华悲哀，眼看着在汴梁的日子一天天过去。

金陵距自己来，又被围困了一个月了吧！

徐铉想起金陵城中的陛下，金陵城中自己的妻儿，泪不由地滑落。

他当竭尽心智！

他下定决心要再向赵匡胤游说，此时赵匡胤对他的态度已不是第一次那样笑容满面了，这次赵匡胤的态度异常果决。

十一月，徐铉和周惟简再次入奏。徐铉道："李煜因病未任朝谒，非敢拒诏也，乞缓兵以全一邦之命。"

赵匡胤不许，徐铉极力辩驳。说得面红耳赤，声气愈厉。

赵匡胤辩不过他，理屈词穷之际，愤怒地拔剑而起，将梨花木的桌子劈成两半。他怒不可遏地呵斥徐铉："不需多言！江南国主何罪之有？只有一姓天下，卧榻之侧，岂容他人酣睡！？"

徐铉再也不敢妄言。

归朝途中，徐铉是带着满目疮痍回金陵的。时已入隆冬，纷飞的雪花落于他青色的衣袖间。徐铉两鬓花白，他觉得自己无力，自己老了。

还能再在金陵过一年冬吗？那时的他六十岁了，已经到了耳顺的年纪。不知那时他还能身体康健诸事如意，他的孙女还能绕着他的膝转悠，他的陛下还能坐于月下待他再喝一杯吗？

纷飞的雪花罩着归乡的路，他亦看不清前方。

他只是一个文人，和他的主人李煜一样，因为是文人，所以会落魄。

这一切不能责怪他，他只是书生，不懂政治，不懂权欲。在政治面前，在权利面前，他百无一用。

赵匡胤想要的是整个天下，讲究实在的统一。他非常计较名分，除了"赵"，他再也容不得其他姓氏；除了九五之尊皇帝之位，他再也容不得所谓的江南国主。

这就是他要统一天下的决心，没有人可以改变；除非他如柴荣一样，再也没了统一天下的力量。

赵匡胤相信，他会比柴荣活得更久。他的力量，他的身躯，他的意志足以承载得起他统一九州，再造盛世帝国的誓愿！

丈夫以身报国，君缘何求佛佑

朱令赟在接到李煜的手诏后，当即从洪州出发，行前他发誓解救金陵之围。

朱令赟是当时南唐的第一勇将，李煜在鸩杀林仁肇后，将已被封为神卫军都虞侯的他调任为镇南军节度使，统辖南唐十五万兵马。朱令赟有个绰号叫"朱深眼"，这不仅得名于他眼窝凹陷，还和他机敏锐利和好勇斗狠有关。

朱令赟为了防止宋军围追堵截，他开始制定了细致得当的救援京师方略。他先命战棹都虞侯王晖奔赴鄱阳湖，负责赶造巨舰，以备对抗宋朝水师。他自己则负责检阅三军，率领军舰沿赣水入鄱阳湖，与王晖会师。二人集结北上，入长江后顺流东去。

按照朱令赟计划，他第一步应该是攻占宋军兵力薄弱但战略位置却十分重要的湖口。在密谋筹划后，朱令赟率军士打了场漂亮也轻松的仗，南唐顺利攻占湖口。

攻占湖口后，朱令赟不敢冒进，他当即召集部下商议东进策略。他对部下说："金陵城交困，吾与诸公授命率军勤王，以解金陵之围。湖口地处要塞，我等一旦弃之不顾，宋军定会乘机夺取湖口，阻断我军退路。我军如若能突破敌军对金陵城的围堵，那也有一线生机；如若不成功，我军届时粮草不济，腹背受敌，实是危矣！"

众将士听得统帅的分析，句句在理，随即商定解决这一问题的计策。商议的结果是湖口不能丢，一定要严防死守住。于是他决定将南都留守柴克贞调往湖口，既要防止宋军进攻，又要为勤王大军提供补给。可惜的是，当时的柴克贞因病未能及时前来接任，而李煜的告急

174

信却一封封发至朱令赟手中。朱令赟无奈之下，只能忍痛放弃湖口，直入长江。

朱令赟和当时指挥舟军的王晖都敏锐地意识到，浮桥是阻碍大军前行的路障，同时也是宋军的软肋。

宋军攻打南唐，采取的措施是直接向南唐都城发起总攻，以"擒贼先擒王"的战略对金陵各面进行包围。这样的战略思想是正确的，因为当时的长江阻隔了宋军物资的运送。就地取材的方略是有悖宋军仁义之师的名号的，很容易激起民怨。而且南唐政治腐败且统治者懦弱，围攻金陵城可以使南唐统治者早日投降，不必姑息。

除了将军队引至河对岸，浮桥之于宋军的另一大作用便是补给物资的输送！

如果南唐军可以切断长江上的浮桥，既给自己入江陵扫除了障碍，也切断了宋军的物资生命线；同时也孤立了留滞南唐的宋军——这是一举三得的事情！

朱令赟和王晖商定用先前在鄱阳湖赶制的数百艘大筏开道，顺长江流势直下。加速撞击采石浮桥，直至冲毁浮桥。

朱令赟要撞击浮桥的消息传到曹彬耳里，曹彬心里十分担忧。一时苦于无计，他派人请示赵匡胤。要求增造三百艘战船，用以侵袭朱令赟部队，以此来扰乱他破坏浮桥的意图。赵匡胤仔细思忖后，批复曰："此非应急良策。"

远水救不了近火，赵匡胤所言一针见血。他要求曹彬按兵不动，另派王明率水师在浮桥上方，将事先准备好的高大木桩安插得密密麻麻的。自此，朱令赟想借撞击之力突破浮桥，也未必容易了！

赵匡胤安插木桩的行动，都是在秘密中进行的。

朱令赟率军行至离采石只有十里之遥的虎蹲洲时，发现前方木桩林立。朱令赟心里生疑，一时不敢靠近，他急令船泊停泊待命。此时他的舰队行距被拉得很长，行动迟缓。

朱令赟经与部将商议，还是决定在此施放"火油机"。以此摧毁浮桥，湮灭伏兵。朱令赟将他用于火攻的船命名为"火油机"——一种舱内塞满柴草且面上涂满油脂的木船。

火攻战术最有名的莫过于赤壁之战，万事俱备，只欠东风。此时的朱令赟便在悉心等候能助他一臂之力的风——西风。

宋军浮桥位于虎蹲洲西南，如若刮西南风，宋军便处于下风头，极易施行火攻。

终于有一日，江面上刮起了西南风。朱令赟仔细观测，见风向稳定后，他便下令全军施发火油机。一时间，朱军大营内火光点点，木舟如飞箭，直直飞向宋军战船。宋军大营一片呼喊声，火光也由木舟上一点点扩展到宋军大船一片。

朱令赟顿感振奋，当即命人将火势生得更旺。自己则是大呼过瘾，就等宋军一败涂地。

176

无奈，人算不如天算。老天急转风势，一时间东北风大作。朱令赟发射的火油机，都被反推回来，冲向自己的阵营。

此时的火油机是烧得最旺盛的时候，而朱令赟的船上又是装满了火油机的油料稻草。此时被火油机反噬，南唐军阵陷入一片惊慌恐怖之中。

后退是逆流而上，又是顺风而行。这是把自己军士往死里赶，那是万万不可能的；待立原地，那只能被动挨打。很快就会有宋朝军士过来收拾残局，将未死者砍上一刀。

唯一的路子便是往前推进，拼个玉石俱焚，同归于尽。可悲的是，令朱令赟一直疑惑的木桩此时如宋军的卫士一般，阻挡着朱令赟可乘千人的巨舰和长达百丈的大筏通过……

而火油机则像彗星一样，托着长长的尾巴，一次次地靠近他们，将他的军队扫向地狱！

在绝望中，朱令赟闭上了眼睛。他跳入火海，带着自己未完成之心愿，带着守卫京师的誓言。烈火造就雄心，铁血炼铸丹心！

我们情愿相信历史是这样的，而不是宋人所编史书中如是记载："朱令赟必须焚毁采石浮桥，才能顺流而下，直抵金陵。曹彬命人在浮桥附近的洲渚间竖起长木，状若樯橹。望去疑有伏兵，令赟迟疑不敢前进。宋军水陆诸将，犄角出袭。令赟纵火拒战，恰北风劲烈，火势反而自噬船舰。南唐水军大溃，令赟也被俘……"

英雄只能被毁灭，不能被打败！

佛法难渡，肉袒出降

朱令赟部全军覆没的消息传至金陵，金陵城一片死寂。

最死寂的，当是李煜。皇甫继勋欺骗背叛，李煜还能怒。还能像阎王一样，向他索命；此时朱令赟兵败了，他整个人也塌陷了。

游离在烟波浩渺的深海，此时唯一的救命稻草也被水流击走了。李煜像浮萍一样，即使再紧贴水花，也支不起自己的根，只能听任水波将他冲击得漫无边际。

苦海无边，李煜不知身在何方，又该向往何方。

李煜内心苦闷绝望，此时的小长老却是暗自窃喜。他知道李煜笃信佛法，濒临绝境，依旧坚信不疑。

"是时候，该回去了。"小长老所说的回去，是回宋朝去。他要确保李煜不疑心他，赵匡胤认可他的功绩，他在汴梁有名有利。面对衣冠不整并失了帝王风范的李煜，小长老故作虔诚，宣称他能借佛力退兵。

小长老的话令李煜灰暗的眼睛闪现了一丝光泽，他相信小长老所言。在询问小长老的具体方法之后，李煜急不可耐地同小长老登城退敌。

小长老如佛祖转世一般，站在金陵高墙之上呼和。朱红绣金袈裟衬得他如救世主，他嘴里念念有词，双目时开时合。城下的宋军果真似受了他控制一般，一时间如潮水般退去。

李煜惊愕不已，望着后撤的宋军，他对小长老的膜拜也上升至极致。

他开始不遗余力地在金陵城中遍行佛法，李煜亲自带头表率，带领金陵城饥寒交困的黎民和疲倦困顿的将士一起诵佛祷念。数以十万计的百姓和将士一齐高喊佛号，声音响彻云霄，直达天际。

宋军为这样的场景感到震惊，当时的统帅曹彬为防金陵城内生变，迅速集结军队，加固包围金陵城。

宋军加固包围力度了，李煜又急着寻求小长老的帮助，可哪里还有小长老的影子？他早已不知所终。

"佛祖呀，你为何不佑我？"李煜望着城楼下寺庙紧布，他无法左右佛祖，他只能无奈接受。

顺应命运的安排——这也是佛家释义。

对生老病死，李煜始终怀着一颗敬畏之心。抱着最后的渺茫的希望，他以蜡丸书向远在北面的契丹人求救。

很快，石沉大海。

农历十一月，金陵城处在宋军圈围中，已近一年。此时的金陵是真正的石头城，瘦石嶙峋，毫无生气，宛如一座冰窟窿。金陵城百姓冻死饿死的，不计其数。昔日繁华的街道此时宛如尸巷，饿殍遍地。

曹彬见时机成熟，便告知李煜："二十七日我将率大军攻城，国主当为一城百姓考虑，归顺乃上策。莫要做出令自己后悔的事情，勿谓言之不预也。"

李煜受曹彬恫吓，便告知曹彬："吾将令长子仲寓先入汴梁请降，望将军莫要紧逼。"

曹彬答应了，可他等了几日，李煜却丝毫不见动静。曹彬心里怨恨，感觉自己被李煜耍得团团转。他当即修书李煜："国主如欲遣令郎归顺，乃通达明智之举。然目前令郎不须舟车劳顿，只需暂时光临本帅帐下，我军即可停止攻城。"

李煜急了，他实在割舍不下仲寓呀！他才十七岁，是他和娥皇仅存的子嗣呀！

李煜战战兢兢地差人复函曹彬："犬子仲寓趋装未办，宫中宴饯未毕，俟二十七日方能成行。"

曹彬一听李煜说辞，顿时火冒三丈。他岂容李煜这般不诚心，这般拖延？他态度十分坚决，告李煜道："休谈二十七日！二十六日亦为时已晚。国主如若爱惜一城生聚，即刻归顺才是上策。"

李煜无奈，他不可能将仲寓送入虎口。此时又无破敌之法，他只能坐以待毙。

曹彬破城决心已定，可他是有原则有计谋的人。他之所以围金陵城而不攻陷之，完全是从全局出发，听从赵匡胤命谕的表现。他还记得出征之日，赵匡胤对他说的"破城之日，不许杀戮"的命令。为了使自己属下能听令于他，曹彬在攻城前，安排了一出别有用意的"苦情戏"。

在攻城前夕，曹彬居然对外声称生起病来。宋朝军师人心惶惶，主帅怎么在这当口生病了呢？

当时副帅潘美及随军将领对统帅的病十分担心。为了避免曹彬闭门不见的情景发生，宋朝几乎所有的将领都聚集一起，一同前往曹彬营帐探视。

此时的曹彬只是闭上双目，面色慵懒。见有人唤他，他眯缝着眼睛稍稍观测。见出征的将领都来了，他便开诚布公："吾之病非药石所能治愈，诸位将军只需诚心立誓。破城之日，不得妄杀一人，我的病就会好的。"

众将马上听出了曹彬弦外之音，无不为曹彬所言感叹，当即对天起誓。

得到众位大将的许诺后，曹彬立刻进行动员部署。宋军全线出击，强渡护城河攀墙攻城。

自二十四起至二十七日，宋军仅用三天时间，便攻破金陵城。

南唐将士为避免兔死狗烹的悲剧，不惜拼死力战。宋军遭遇顽固抵抗后，不少士兵积怨成狂。吴越兵纪律松散，破城后先是洗劫城池，接着便是杀人纵火，最有名的莫过于当时的火烧升元阁。

升元阁建于东晋哀帝时，内存顾恺之名画《维摩诘像》、戴逵父子雕塑的铜佛像及狮子国（今斯里兰卡）奉献的白玉佛像，是当时佛教宝刹。吴越兵入得升元阁后，先是洗劫。而后又在此处寻欢作乐，强虏教坊乐工为其奏乐、弹唱、侑酒、陪身……以满足其兽欲。乐工不能忍受凌辱，拒不从命。吴越兵气急败坏，将乐工全部杀死，丢弃在乱葬岗。后人写诗凭吊：

> 城破辕门宴赏频，
> 伶伦执乐泪沾巾。
> 骈头就戮缘家国，
> 愧死南朝结绶人。

金陵王宫内的李煜无心写词，无心吟诵。耳间，他已听得亡国哀音靡靡。

他已经很久没有写词了，最近之作也是几个月前的深秋《采桑子》：

> 辘轳金井梧桐晚，几树惊秋。昼雨新愁，百尺虾须在玉钩。琼窗梦断双蛾皱，回首边头，欲寄鳞游，九曲寒波不溯流。

"欲寄鳞游，九曲寒波不溯流。"在这惊凉的深秋，辘轳金井，梧桐昼雨，难解新愁。他挂念他远行的弟弟从善，挂念着南唐的战事。可惜九曲寒波中，他不能激流勇进，他不能逆流回溯……任南唐再是繁华，美玉良辰，终究敌不过朝来寒雨晚来风。打落玉盘碎碎，雨丝细细。

他不能苟活，不能偷生，他不能投降。李煜一遍遍对自己说，他要和金陵城同在，他要和南唐同在，他要和宗庙同在。

金陵城破了，巍巍皇宫已有了宋兵的影子。那些官军的眼光是如此的贪婪，望着金器发呆，望着美眷痴狂……

从来没有人敢这样明目张胆地巴望他所拥有的东西——金银、珠宝、鲜花、字画和美人，此时这些物事却入了大宋低贱士卒的眼，被这些无耻的小人看得口水直流。

李煜嘲讽地讥笑自己，神色哀怜。这些东西，是不是已经不属于他了？

他想过死，他已下令要宫人备好柴草，将整个王宫烧了。

可他怕死，他是读书人。身体发肤授之于父母，他不能就这样专断地决定自己的生死，草率地处理自己的身躯。

"不要。"伏在他胸口啜泣的美人是小周后，他可爱美丽的小精灵。

他捋着她的秀发，乌亮柔顺，煞有光彩。李煜想起自己已染霜的鬓发，不由轻叹一声："我老了，可你还很年轻。"

"死生契阔，与子成说。"小周后望着李煜深黑的眼睛，坚决勇敢地说："我要跟着你，为我，好好活着。"

为她，好好活着。李煜笑了，笑得眼角有丝泪痕。这就是他的小周后呀，始终天真无瑕的，纯纯可爱的。她给的理由虽然稚气，但李煜无法拒绝。

也许娥皇不会要他活着，他死她同死，可小周后不行。她依赖他，当他是丈夫，也当他是姐夫，是哥哥，还当他是父亲。

这样纠葛的爱情，从生根之时，就牢牢攀附。枝盘叶错，纠缠不清。

李煜长叹一口气，他抱紧小周后，到底还是忍下要自尽这口气。

可火还是要放的。他发誓过："他日宋师见讨，朕定躬擐戎服。亲督将士，背城一战，死保社稷。如不能从愿，则聚宝自焚，终不做他国之鬼！"

聚宝自焚，他见不着宋军贪婪垂涎于珍宝和美人的目光。他不能剜了这些人的眼睛，那就只能毁了这些珍宝。

宁为玉碎，也不容这些人玷污。

李煜记得自己曾在梁元帝撰写的《金楼子》一书后，题了序：

梁孝元谓王仲宣昔在荆州，著书数十篇。荆州坏，尽焚其书。今在者一篇，知名之士咸重之。见虎一毛，不知其斑。后西魏破江陵，亦尽焚其书，曰：文武之道，今夜尽矣！何荆州坏、焚书二语，先后一辙也。诗以慨之曰：

牙签万轴裹红绡，王粲书同付火烧。
不是祖龙留面目，遗篇那得到今朝？

那时的他对梁元帝萧绎纵火焚书的行径又是遗憾又是痛恨，如今自己成了亡国之君，他终于能体会到梁元帝的切肤之痛。

那些贪婪的眼睛，如冥符一般，直勾勾地盯住了这些艺术珍宝。他是文人，字画古董之于他，是生命，而非财富。他爱之成狂，毁之非恨之，而是不忍见其辱没于庸人之手，诚不得已。

李煜命黄保仪将后宫所藏书画图籍，统统付之一炬，包含他和娥皇复原的《霓裳羽衣曲》。

火自金陵王宫出，浓烟滚滚，火光冲天。一时间金陵城下纷传："皇上聚宝自焚了！"

在离王宫不远的净德尼院有八十多位女尼，此时她们听闻李煜纵火自杀的传言，又见王宫内火光冲天。她们强忍悲痛，也在寺院中放火，随李煜去了……

火光渐渐平息，李煜毫发未损。此时有人向他报净德尼院女尼八十多人昨夜放火自焚的消息，李煜木讷地回神——原来她们这是想随他去呀！

李煜幽咽地叹了一口气："佛本爱生，但愿我的决定没错。"

等待李煜的，是宋军曹彬给他安排的受降仪式。李煜出降当日，他和偕行的主帅司空及知左右内史事殷崇义等四十五人头戴带青衣小帽，褪去长衫，只着短装，以"肉袒"之姿向宋军投降。

当时是十一月的大寒天呀，李煜和自己的臣下子弟在凛冽寒风中冻得瑟瑟发抖。四人强咬牙关，不给宋军统帅曹彬看出窘态。

再寒寒不过城破，再冷冷不过国亡！

李煜率重臣肉袒受降，这令曹彬喜出望外，他忙将李煜请到宋师船上。李煜却不敢妄动，对着眼前这位宋朝最高统帅拜了拜："罪臣李煜，亲率子弟僚属四十五名前来请罪投诚。"说这话时，他又俯身向曹彬奉上南唐的金印御玺，又向宋朝副帅潘美等人一一拜过。

潘美回礼，可曹彬却只言："在下盔甲在身，无法下拜。礼数不全之处，还望见谅。"

李煜哪里敢说不字，他神色沮丧。眼神因泪珠润湿的缘故，变得清澈如水。曹彬见李煜面色凄楚，也不忍再为难他，便邀他同入舟中，共商大计。

登船要过踏板，李煜没人服侍，一时间竟不知该如何登船。曹彬眼尖，一眼便看出了李煜的窘态。他先行带众将入船，以实例示范李煜。

李煜这才得以登船，和坐于对侧的曹彬一同商议大事。

对着曹彬，李煜不敢多言。他今日已是受尽了耻辱，此时身上的短衣便是最好的见证。直至谈话结束，李煜方觉得稍稍自在了些。曹彬望着将要下船的李煜，不由得多提醒了句："阁下入得汴梁后，府宅圣上早已安排，阁下尽可专心享用。不过，阁下归顺入朝后，俸禄有限。阁下应当趁宫中府库尚未封存、随军文官尚未清点之前，带足金银珠玉，多多置办行装，以备日后之用；否则等我封存了宫中库府，阁下可难动分文了！"

李煜对曹彬的提醒先是一愣，随即答谢道："元帅见教极是！"

曹彬望着李煜远去的背影，他的背影如是萧索呀！曹彬回神见自己的几位爱将都神色不悦，心里不由犯嘀咕："他们这是怎么了，我可没得罪人呀？"

曹彬麾下两位裨将梁迥和田钦祚有气："元帅胸襟大度，特准江南国主回宫办装，可曾虑及后患？"

曹彬听出话外之音——准李煜回宫置办行头且带足金银，梁迥和田钦祚怕少了自己该得的好处，怪罪起他了？

梁迥和田钦祚见曹彬对他们嘻嘻一笑，急忙解释："倘若李煜畏罪自杀，不做这受降之虏，元帅何以复命？"

曹彬听罢，笑得更开了。

众将士不解，却见他摇头含笑回驳："尔等不见李煜怯懦似妇人，登船之板尚不敢踏。如此懦弱，哪里敢往自己脖子上抹刀？"

众将士对曹彬论说佩服不已。曹彬是个极其细致的人。他准许李煜带足珍宝玉器后，便进行清点交接工作。为此他还特严令官兵入宫骚扰，违者当斩不赦。

见了宋军如此表现，李煜是否懊悔，几日前怎么就一把火烧了书籍字画呢？

满满当当的珍宝重器，李煜也已穿上锦衣华服，容颜依稀憔悴。他和他的小周后行走于南唐王宫的每个庭院，踏足每一处角落，品足每一棵树，悉数每一朵花……

犹记得，移风殿榻落红点点，教君恣意怜。

犹记得，锦洞天香风漂满室，他拈花蕊嗅。

犹记得，莲花座上美人窈窕，步步生莲花。

犹记得，红锦地起霓裳羽衣，佳人金钗溜。

犹记得……

第九章　犹记后庭花

晋时建业，隋时建康，宋时金陵。石头城因改朝换代，不断变幻着自己的名字。宛如一位老人见证沧海成桑田，往事成云烟。秦淮河畔，金陵城下，彼时之人，何其相似？孙皓降晋，叔宝降隋。而今金陵城的主人，又将被冠以怎样的后主名录，背负怎样的历史骂名？

一　北上受降

大江东去，浪淘尽

终究是要离开的。

再入太庙却是腊月之末，不是新春辞岁的日子，更不是哪位先祖的祭日。这是一个很不好的时间，可李煜还是来了。

他终究要来！

无论他以后会活得如何，这次拜祖终究是他生命中最后一次！

李煜很慎重，他不能再穿皇袍。但他更不能穿宋朝臣服入自家宗庙，思量之后，他穿上了孝服。

南唐的太庙承唐时太庙样式和气度，作为大唐皇室后人，南唐太庙同样也供奉着盛世大唐的皇帝。

血脉是相通的，高祖李渊、太宗李世民、玄宗李隆基和宪宗李纯……这些都是风流人物。贞观之治，开元盛世——那是多么令人神往的时代，那是多么为之销魂的年岁，大气候大气场！

画像中那位身着冕旒衮服，星眸熠熠，威严赫赫，宛如天神的君主是南唐的开国国主，他的祖父李昪。

李昪身侧画像上的人物，和李昪有相似的五官，同样眉清目秀。身上却只穿一袭锦衣，眉宇间透着儒雅，腹有诗书气自华，这人是他的父亲李景通。

唐烈祖光文肃武孝高皇帝之位，唐元宗明道崇德文宣孝皇帝之位——李煜的眼睛从画像之前灵牌上滑过。他神色哀伤，将来百年之后，他该以何身份入李家宗庙？

他是丧国之君，李煜目色沉痛，他实在不忍将南唐灭国的消息告于列祖列宗。他默然不语，低垂眼睑。好似犯错的小孩，耐心地听闻长辈的教训和责骂。

李煜不知自己双脚是如何迈出太庙的，但那门扉合上的声音敲击着他的心房——南唐真的灭国了！

赵匡胤接他入汴梁的船已开始扬帆，教坊乐工开始奏乐，为他送行。李煜望着立于舟头的乐工们，心里不由感触。都是知雅识乐之人，他们能读懂他。

宫娥声泪俱下，挽着他的手，诉说着自己无尽的留恋。李煜第一次在小周后面前，不避讳地将这些平日薄宠的宫娥纳入怀间。宫娥哭得如带雨梨花，胭脂色从两颊晕开，李煜满是怜惜。

曹彬气宇轩昂立于船头，居于高处的他，此时正睥睨李煜——亡国落魄的君王。

李煜收拾好心绪，携小周后以及南唐百官登船北上。

秦淮河上，画舫在这酷寒的冬日，流声渐消，不见美人盈盈立于船头招手揽客。李煜还是甚感宽慰的，他的百姓至少还是知晓南唐国破了，君王被俘了。作为臣民，他们便不该再唱《玉树后庭花》，更不该四处歌楚歌。

渐出秦淮河，秦淮河上画舫消失成点。金陵王宫如塔顶尖尖，长江波涛起伏。冬来水落石出，偶有礁石凸显，点点如漆墨。

他的家，他的国呀，他就这般远去了……

　　　　四十年来家国，三千里地山河。凤阁龙楼连霄汉，玉树琼枝作烟萝，几曾识干戈？一旦归为臣虏，沈腰潘鬓消磨。最是仓皇辞庙日，教坊犹奏别离歌，垂泪对宫娥。

"四十年来家国，三千里地山河。"自此消失。那些富饶土地，那些广袤疆域，那些千秋功业，自此再也与他无关。

江山犹是昔人非，他是如画江山中的过客。从来没带来过什么，也不曾带走些什么。

"凤阁龙楼连霄汉，玉树琼枝作烟萝，几曾识干戈？"有凤来仪，凤凰于飞。他曾是那样恣意地享受生活，美酒美人，华服锦衣，钟鼎玉食……他从来不曾缺失。他不懂，为何一朝梦醒，干戈四起，紫玉成烟……

"一旦归为臣虏，沈腰潘鬓消磨。"他已做好身陷为虏的准备，朝夕之间，就只望着将残生消磨殆尽？

"最是仓皇辞庙日，教坊犹奏别离歌，垂泪对宫娥。"辞庙，拜别，离歌，宫娥泪……

这一切，何时是尽数？李煜不知，不知残年几载，不知命数几多？

隆冬的风是寒的，一阵阵贴着身子过，那是钻心地疼！

长江上弥起轻烟，暮霭沉沉，渔光点点。皎皎新月笼上氤氲，对面寒寺香烟靡靡，钟鼓更鸣。

李煜的心，脆得如水中月，一击即碎。

同样立于船头无心睡眠的还有老臣徐铉，望着江景，他也满怀惆怅，吟了一首沉郁感伤的《过江》诗：

> 别路知何极，离肠有所思。
>
> 登舻望城远，摇橹过江迟。
>
> 断岸烟中失，长天水际垂。
>
> 此心非桔柚，不为两乡移。

船队至烟花之地扬州后便经大运河北上，至楚州淮阴后入淮水，再向西南行。

除夕之夜，李煜是在宋境内过的。

不，四面不都是宋境吗？金陵、秦淮和扬州，哪一寸不是宋朝的土地？

纵然这样想，李煜这个春节过得还是十分难堪，这年他步入了不惑之年。

时值隆冬，河水冰冻，赵匡胤特下诏令务必要保持河流通畅。汴水入口，便有无数民工立于冰面。榔头叮叮，撞击冰面，开冻凿通。

爆竹声声，钉头粼粼。此起彼伏，交相辉映。未至汴梁，此处已现繁华。华灯初上，张灯结彩。搭载李煜的船只每靠近城中一步，众人的欢呼声便高一层。

李煜羞耻地垂着脑袋，他何时成了万人争相一睹的稀罕物？

每一年开始，李煜都会亲率百官礼佛拜佛。乞求新的一年事事顺利，国运昌盛。此时船正行至普光寺附近，李煜一路饱受河岸百姓指点讥诮，心里十分窘迫不甘。此时见了有寺庙，他便急不可待地要求前往拜佛。

南唐降臣听说李煜要上寺拜佛，忙出言制止。李煜一路上憋足了火气，此时发起火来便一发不可收拾："吾自幼即为汝辈挟制，处处受制，结果如何？现在我要去拜拜佛，这又有什么错了？有什么大不了的？难道这也要你们做主？"

南唐大臣不再言语，李煜把心一横，望了眼一侧的曹彬。曹彬见李煜神色凌厉，不容忤逆。倒也成全了李煜的请求，准许他和小周后上岸拜佛。

李煜如愿以偿得以拜完佛，心里阴郁驱走了些。他心情一好，便向普光寺住持长一掷千金，捐了数以千计的金帛。

大年初二，李煜在赵匡胤的殷切期待中，终于到达汴梁驿馆。

拜将军，更当违命侯

北宋太平兴国元年（公元976年）正月初四，赵匡胤为李煜安排了隆重的献俘仪式并同受封大典。

明德楼下，赵匡胤冕旒衮服。略显老态的身子依旧衬托着他的威武，神采飞扬。冕旒半遮着他的面脸，众人看不清此时君王的神色，便更加专注统帅曹彬献俘之仪。

献俘是一件繁杂严肃的事情，容不得马虎，也容不得闪失。李煜及他的妃子和臣下，勒令一律穿白衣带纱帽。负责押送的宋朝军士亦身披甲胄，庄严列阵。到达朱雀门后，李煜一行人又被要求徒步向明德门进发。

李煜走于最前头，身侧跟着小周后和徐铉等人。四下皆是白衣，真如送葬奔丧队伍。

时至正午，阳光白花花地刺眼。李煜仰望巍峨高大的明德楼，见着黄袍雍容的赵匡胤，心里已不知是何滋味。

直至有司一声呼和，在场所有人齐刷刷地跪了下去。李煜听得膝盖触地的声音，再抬眼，赵匡胤宛如天神。金光四散，叫人抬不起头来。

"这样的气魄，自己只在看祖父画像时见过吧？"赵匡胤令李煜想起了南唐烈祖李昇。

男儿一跪，李煜终于明白"君与臣"、"王与虏"及"胜与败"的天壤之别。

他是臣，还是罪臣。

他是虏，还是国虏。

他战败，他失了国。

此时，曹彬上前报赵匡胤。得到皇帝准许后，开始宣读《升州行营擒李煜露布》。

听得声声入耳，李煜好像回到那时战斗的年岁。把自己未看清的都看清了，把自己未看见的也都看见了。

原来，南唐是这样败的：

"升州行营马步军战棹都部署、宣徽南院使及义成军节度使臣曹彬等上尚书兵部：臣等闻天道之生成庶类，不无雷电之威；圣君之统制万邦，须有干戈之役。所以表阴惨阳舒之义，彰吊民伐罪之功。我国家开万世之基，应千年之运。四海尽归于临照，八皆入于提封。西定巴、邛，复五千里升平之地；南收岭表，除七十年僭伪之邦。巍巍而帝道弥光，赫赫而皇威远被。顷者因缘丧乱，分裂土疆，累朝皆遇于暗君，莫能开拓；中夏今逢于英主，无不扫除。

惟彼江南，言修臣礼，外示恭勤之貌，内怀奸诈之谋。况李煜比是呆童，固无远略。负君亲之煦育，信左右之奸邪。曾乖量力之心，但贮欺天之意。修葺城垒，欲为固守之谋；招纳叛亡，潜萌抵拒之计。我皇帝义深含垢，志在包荒。擢青琐之近臣，降紫泥之丹诏。曲示推恩之道，俾修入觐之仪。期暂诣于阙庭，庶尽销于疑间。示信特开于生路，执迷自履于危途，托疾不朝，坚心背顺。士庶咸怀于愤激，君亲曲为之优容。但矜孤孽之愚蒙，虑陷人民于涂炭。累宣明旨，庶俾自新。略无悛悟之心，转恣陆梁之性。事不获已，至于用兵。大江特创于长桥，锐旅寻围其逆垒。皇帝陛下尚垂恩宥，终欲保全。遣亲弟从镒归，回降天书。委曲抚喻，务从庇护，无所阙焉。终怀蛇豕之心，不体乾坤之造。送蜡书则勾连逆冠，肆凶徒则劫掠王民。劳我大军，驻逾周岁。既人神之共怒，复飞走以无门。魍魈竟效其先登，蚍虱自悲于相吊。

臣等于十一月二十七日，齐驱战士，直取孤城。奸臣无漏于网中，李煜生擒于麾下。千里之氛霾顿息，万家之生聚寻安。其在城官吏、僧道、军人及百姓等久在偏方，困于虐政，喜逢荡定，皆遂舒苏。望天朝而无不涕，乐皇化而惟知鼓舞。有以见穹助顺，海岳知归。当圣朝临御之期，是文轨混同之日。卷甲而兵锋永戢，垂衣而帝祚无穷。臣等俱乏将材，谬司戎律。遥禀一人之睿略，幸成九伐之微劳。其江南国主煜并伪命臣寮已下若干人，既就生擒，合将献捷。臣等无任歌时乐圣，庆快欢呼之至，谨奉露布以闻。"

曹彬宣读完后，李煜还陷入沉思之中。他想起当日起用郑彦华、皇甫继勋和刘澄是多么的可笑无知；他想起当日和周惟简谈说《易》是多么的荒诞愚昧；他想到自己当时为何不再揪住小长老，质问他为何宋军攻城之时销声匿迹……

曹彬言的是李煜的罪，接着轮到赵匡胤这正主登场。赵匡胤是只温顺懂事的猫，他要的只是老鼠屈服，实在无心吃他。于是他开始命人宣读针对李煜的分封之诏，展现他的仁爱宽厚：

"上天之德，本于好生；为君之心，贵乎含垢。自乱离之云瘼，致跨据之相承，谕文告而弗宾，申吊伐而斯在。庆兹混一，加以宠绥。

江南伪主李煜，承奕世之遗基，据偏方而窃号。惟乃先父早荷朝恩，当尔袭位之初，示尝禀命。朕方示以宽大，每为含容。虽陈内附之言，罔效骏奔之礼。聚兵峻垒，包蓄日彰。朕欲全彼始终，去其疑间，虽颁召节，亦冀来朝。庶成玉帛之仪，岂顾干戈之役。寨然弗顾，潜蓄阴谋。劳锐旅以徂征，傅孤城而问罪。洎闻危迫，累示招携。何迷复之不悛，果覆亡之自掊。

昔者唐尧克宅，非无丹浦之师；夏禹泣辜，不赦防风之罪。稽诸古典，谅有明刑。朕以道在包荒，恩推恶杀。在昔骡车出蜀，青盖辞吴。彼皆闰位之降君，不预中朝之正朔，及颁爵命，方列公侯。尔实为外臣，庆我恩德。比禅与皓，又非其伦。特升拱极之班，赐以列侯之号。式优待遇，尽舍尤违。可光禄大夫、检校太傅、右千牛卫上将军，仍封违命侯。"

拜右千牛卫上将军，封违命侯。听着这响当当的名号，李煜却感到十分耻辱。

赵匡胤记仇！他还记得李煜当初"倔强不朝"的事迹，他想让他彻底臣服。

臣服在他脚下，做他的臣下，做他的俘虏，做他的奴仆！

赵匡胤很快开始他的猎捕行动，此时的他再也不是一只温顺的猫，而是一只霸气十足且威风凛凛的狮子。

194

明德楼下，赵匡胤杏眼一眯，眼睛一扫，扫到徐铉身上。

赵匡胤还记得这个当堂怒斥他"出师无名"的无用书生，此时再见徐铉，他鬓发间银丝又多了几捋，身子骨也更瘦削了。

赵匡胤脸色一沉，厉声喝问徐铉："江南国主倔强不朝，尔身为江南重臣，竟也不明大意。甚至言要朕退兵江南，你做何解？"

徐铉没想到赵匡胤如此呵斥他，他见赵匡胤一副盛气凌人的样子，更觉要有骨气，当即对答："臣身为江南之臣，国亡，罪当死，不当问其他。"

赵匡胤见他以死相抗，拒不回答。讶异之余，不由对这老书生刮目相看。

赵匡胤不信南唐的臣子都如此硬骨头，试探完徐铉后，赵匡胤又瞄准了李煜身侧的张洎。赵匡胤饶有兴致地打量张洎，手里掂着一个蜡丸，在张洎面前晃荡。

"张洎，你可识得这个？"赵匡胤指着手里的蜡丸，眼睛却细致地观察着张洎的变化。

张洎低头思量方说："未见其实，小人不敢妄言，望皇上明示。"

"此乃你与契丹勾结之罪证，如此大逆不道，居心何在？"赵匡胤一呼，一侧李煜神色紧张，纵然自己无能，可他也不愿见自己的爱臣招来杀身之祸。

徐铉坦然相对，张洎也不甘示弱："事君者当以忠为大，臣事南唐，国家危矣，食君之禄，忠君之事。臣所做皆为南唐，何错之有？蜡丸书确为臣所做，不止其一。如若臣因此获死，死得其所矣。"

好骨气！赵匡胤是明君，半生戎事。他对徐铉和张洎的回答十分满意，更是有心招入殿下。

"尔等忠臣也！如若能事朕如事李煜，朕决不计前嫌，还当重用之。"

一侧的李煜这才稍稍松了一口气，他为他的臣下感到庆幸及由衷的喜悦，这也让他看到未知生活的光亮。

只可惜，这米阳光太昏暗了。风一摇，什么都散了。

梦里身是客，朝髭半染霜

赵匡胤是只猫，是一只十分温顺柔和的猫。

赵匡胤在位的日子，李煜虽然过得愁苦悲观，但并未绝望。他没有刻意压迫李煜，也没奢望再从李煜身上夺走过什么。他要的江山已经到手，至于美人财富，赵匡胤则害怕因这卷入帝王的风流艳史。再者，他也已经老了，实在无福消受。

可继承他皇位的赵光义不一样呀！褪去赵光义皇帝的光环，我们定可狠狠骂他一声"流氓"。

赵光义这人不厚道，从他继位的方式，我们就可看出这人不厚道。

赵匡胤死于北宋太平兴国元年（976年）十月二十日，官方的记录非常模糊："癸丑夕，帝崩于万岁殿，年五十。殡于殿西阶……"而且当时的官方文献并未记载太祖的确切死因，一时间关于赵匡胤死亡的说法众说纷纭，真假莫辨。

最著名的当是"烛影斧声"的传说，但传说往往依附于事实。《续湘山野录》可看做是野史，可《涑水记闻》却是出自北宋大史家司马光之手，没有考据也是说不过去的。

据二书记载，（北宋太平兴国元年十月）十九日晚上，天气陡变，雪霰骤降。太祖命召光义入大内，酌酒对饮，宦官及宫嫔都退下了。远远地只见烛影下，光义时或离席，有所谦让退避的样子。饮罢，漏鼓三更，殿外积雪数寸。忽见太祖手持柱斧击地，大声对光义说："好做，好做！"便解带就寝，鼻息如雷。

次辰四更，太祖暴死。宋皇后命内侍都知王继恩召赵德芳，王继恩猜测太祖素来打算传位给光义，竟敢不宣德芳；反而赴开封府赵晋王光义。只见长于医术的左押衙程德玄坐在府门口，便问其缘故。德玄说："二更时分，有人叫门说晋王召，出门却不见人影。如此情况，先后三次。我恐怕晋王真有病，所以赶来。"

继恩感到怪异，便告以官中大事，共同入见光义。光义大惊，犹豫不行，声称要与家人商议。继恩催促道："时间一长，将为他人所有了。"三人便踏着大雪，步行入官。继恩欲让光义在直庐等待，自己好去通报。德玄说："直接进去，何待之有？"三人俱至寝殿。

宋皇后听到继恩的声音，便问："德芳来了吗？"继恩说："晋王到了。"宋皇后见到光义，不禁愕然失色，马上改口喊官家，说："我们母子性命都交给官家了。"光义边落泪边回答："共保富贵，莫怕。"第二天，光义就即了皇帝位，是为宋太宗。

仔细分析上面这段文字，我们就可以看出上述这些人物的所做所言是十分有问题的，而这些问题直指赵光义。

其一，太祖所言"好做"究竟是何意味。如若这是肯定句，那赵匡胤当是夸赞自己的弟弟；如果是句反语，那这时候的赵匡胤定是被自己弟弟激怒了，可解释为"你做的好事"。当时赵光义时或离席，有所谦让退避的样子。如果是兄弟间饮酒，这个动作正常吗？关于这道记叙的第二个疑问就是太祖为何会忽然用柱斧击地，大声对光义说："好做，好做！"？就我们一般人而言，敲击重物一般是身体极其难受或心情极度苦闷之时做的动作。如若心情激动，最多是拍拍桌子拍拍手，拿重物敲击地面，这正常吗？甚至不妨做一个大胆的猜想，赵匡胤中毒了。头痛欲裂，一面骂自己的弟弟；一面难以忍受痛楚，敲击地面？

若说赵光义下毒，这也是有依据的，他可是下毒的老手。《烬余录》说后蜀降王孟昶因其而暴卒，而我们的李煜也是被他在酒里下牵机药而毒死。

其二，赵光义的表现明显是有备而来的。王继恩私报赵光义，来到赵光义家里，怎么会见到长于医术的赵光义亲信程德玄坐在府门口呢？三更半夜不睡觉，跑到主人家门口。知道主人家有病，却不推门进去，这合理吗？据《宋史·马韶传》，马韶私习星相天文之学。曾言程德玄"明日乃晋王利见之辰"，后被太宗软禁。这也说明赵光义心里有鬼，早有预谋，怕人生事。

其三，从宋皇后的言行变化中，我们也可猜测赵光义夺位是出自逆取。宋皇后得知太祖暴卒，急召儿子德芳入宫，这是当母亲的为自己儿子考虑的本能。宋皇后见到光义，不禁愕然失色。马上改口喊官家，说："我们母子性命都交给官家了。"

宋皇后的表现是如此害怕恐惧！她是离赵匡胤枕边最近的人，前一日发生什么，她即使没看到，也能感受得到，猜想得到。她的惊恐表现，也暗示赵光义弑杀兄长的可能性极大。

关于赵光义继位合法性问题在后来的"金匮预盟"、年号更变及赵匡胤儿子"寝疾薨"等问题上都有体现，他这个皇帝做得实在难以服众。

窃铢者诛，窃国者诸侯。赵光义终于登上了权力的至高处，而李煜也迎来了他悲剧人生的终点。

赵光义继位伊始，对李煜还是多多关照的。北宋太平兴国元年（公元976年）十一月，太宗下诏，废除李煜"违命侯"爵位，晋封"陇西郡公"。

赵光义是青史上留名的好读书的皇帝，他好读书，可对江南才子李煜却不敬重。

金陵城破，李煜下令火烧金陵王宫所藏书卷。可老天哀怜，这些书卷保留下来的也有六万卷之多。

赵光义一次携李煜同观崇文院，崇文院内许多藏书出自金陵王宫，李煜见了心里难免又哀愁。当时赵光义对李煜说："卿素喜收藏，不知此中孤本和善本有无是卿的旧物？如若如此，卿当常来披阅，一览旧迹！"

这话如刀，一刀下去，李煜脆弱敏感的心又开始滴血。

如果赵匡胤是猫，和李煜玩的是猫抓老鼠的游戏；那赵光义则是狼，玩的是狼和小羊的游戏。

而李煜，就是那只赤裸裸的羔羊。

李煜的伤，是国殇，不可言明。一提便是千疮百孔，江山色变。

李煜的愁，是乡愁，难以体会。一提便觉天上人间，此去经年。

李煜的恨，是家恨，无法诉说。一提便会泪湿春衫，两鬓染霜。

李煜的心是赤裸裸地冻着，冰封雪地的世界。他与世隔绝，却要受这凄寒之苦。

他是文人，最爱写词，最爱掏肺，最爱画心。

他言国殇，不再顾及是否会千疮百孔，是否会江山色变。

　　　　往事只堪哀，对景难排。秋风庭院藓侵阶。一任珠帘闲不卷，终日谁来？金剑已沉埋，壮气蒿莱。晚凉天净月华开。想得玉楼瑶殿影，空照秦淮！

　　　　　　　　　　　　　　　　——《浪淘沙》

"金剑已沉埋，壮气蒿莱。"如此大气瑰丽，却又如此萧瑟败落。如果沙场点兵，你是否策马，将号声吹至最响？

"玉楼瑶殿影，空照秦淮。"如果再居玉楼瑶殿，你是否还是只知怀抱美人，空对月吟唱？秦淮水波粼粼，点点月华。因你朱笔一点，亮了整一南唐，江山也因此失了娇颜。

　　帘外雨潺潺，春意阑珊，罗衾不耐五更寒。梦里不知身是客，一晌贪欢。　独自莫凭栏！无限江山，别时容易见时难。流水落花春去也，天上人间。

——《浪淘沙》

　　帘外雨，五更冷，罗衾寒。梦中客，独贪欢，莫凭栏。别容易，相见难。流水落，百花残，天上好，人间凉。

　　究竟身在何方，又该情归何处？梦里梦外，身已是客，平生当如飘絮。江山多锦绣，你如浮萍游弋，难留重彩难添瑰丽。自此，再难回首再难聚。

　　别来春半，触目柔肠断。砌下落梅如雪乱，拂了一身还满。　雁来音信无凭，路遥归梦难成。离恨恰如春草，更行更远还生。

——《清平乐》

落梅沾衣，还去拂衣，更是添得一身乱。鸿雁难托锦书，路漫漫归途远。离恨如幽草，长了，剪了，断了……终究还是被它渐行渐远了……

你的离恨一点点滋长，你的人生也正细细地被你剪断。为何哭诉离恨，它终究敌不过你的生命呀！

你敢如此，是否已决意用生命托付锦书，遥传金陵？

　　人生愁恨何能免？销魂独我情何限！故国梦重归，觉来双泪垂。　高楼谁与上？长记秋晴望。往事已成空，还如一梦中。

——《子夜歌》

往事如梦更如烟，烟过了散了，卿奈何执著？

金陵给了你太多美好的记忆，红盖头下美娇娘的娇羞，自此她是他的妻；移风殿上香暖芙蓉帐，自此他心有猛虎……

可他的芙蓉之花，还是被人采撷了。

窃取这朵花的不是别人，而是宋朝新皇帝赵光义。

赵光义是真小人，可李煜不仅要忍让，还要将他奉为活佛供着。好好伺候，这才能保住命根子。

李煜怎么也不会想到，他心爱的小周后，也会被拉入"伺候"这一列。

小周后是被赵光义骗入宫中的，可怜可爱的小周后呀，当时竟是毫无知觉。当赵光义迫不及待地要揽她的腰时，她才惊觉不妙。

那时还有办法吗？

赵光义的双手如巨蟹的钳子，又如黑熊的熊掌，死死按压住小周后。赵光义很是满意，和他日思夜想的果然一样。

小周后挣扎反抗，赵光义的声音却如金钟罩在她头顶，尖利而可怖。他在嘶吼："你是我的，你是我的！"

小周后只能淌着眼泪，任其肆虐……

经历过这样的屈辱，她该如何面对她的丈夫，她那软弱又可怜的丈夫。

她一直把他当做自己的靠山，从十五岁第一次委身于他，她就把他当一辈子的男人。随他癫狂也好，随他流离也罢，她就是认定了他。

他是皇啊，纵使儒雅清俊，他依旧宛如天神一样，让她始终安心，无所顾虑。

他是姐夫，这样一个尴尬的字眼，在他们之间却是毫无芥蒂。因为心有灵犀，因为相亲相爱，他们走在一起，很幸福。

他给她如此盛大的婚礼，那时候的她觉得这世间的女人，当属她最幸福也最幸运。

即使到金陵城破，她随他同上汴梁，她还是觉得他可以依靠。他能撑起她的天地，他能给她温暖。

可惜，从赵光义无耻地亲近她身子之时，她就明白他做不到。

她开始骂他懦弱，即使他不反骂一句，都由着她。

她开始冲他打骂，纵然他丝毫不还手，都任着她。

小周后哭了，哭得痛不欲生，呼天抢地。

　　樱桃落尽春归去，蝶翻轻粉双飞。子规啼月小楼西，玉钩牵幕，惆怅暮烟垂。　门巷寂寥人散后，望残烟草低迷。炉香闲袅凤凰儿。空持罗带，回首恨依依。

——《临江仙》

李煜长叹一口气，他的妻子不在他身侧，他哪里能睡安稳觉？他没日没夜地想念她，几乎疯狂。

　　"门巷寂寥人散后，望残烟草低迷。炉香闲袅凤凰儿。"那时的她转过门巷，他脑海间，便只徘徊着她俏丽的影子还有那堵空寂的墙。炉香闲袅，没有你，谁为我焚香，谁为我吟唱？

　　风回小院庭芜绿，柳眼春相续。凭阑半日独无言，依旧竹声新月似当年。笙歌未散尊罍在，池面冰初解。烛明香暗画楼深，满鬓清霜残雪思难任。

——《虞美人》

没有你，那抹绿色都是灰白，春日无光。我已满鬓清霜，竹声新月似当年，我却再也不是当年的皇，你依旧漂亮而美丽。无言面对你，只能任由相思随着柳叶摆动，在残雪中一分分退却。再也不见小池冰面，你花开的容颜。

终于，再也难得你花开的容颜……

二　梦归秦淮

又是七夕夜，为君唱曲《虞美人》

李煜词说江南，忆江南，自然而然流传至江南。

> 多少恨，昨夜梦魂中。还似旧时游上苑，车如流水马如龙，花月正春风。
>
> 多少泪，断脸复横颐。心事莫将和泪说，凤笙休向泪时吹，肠断更无疑。
>
> ——《望江南》

他的愁绪，他的思念，只有在回忆江南时，来得这般浓烈。肝肠寸断，泪水横流。

这是和"人生长恨水长东"完全不同，忆江南的愁绪来得更汹涌更心痛。

那是游子的悲痛，他的江南，他一生的眷念！

他思国，他对赵光义是怀着国仇家恨的。他割断了他回江南的路，他割断了他生命中唯一的寄托。可他懦弱，他不敢言说。只能寄托在自己笔下，寄于自己的诗词中。

> 林花谢了春红，太匆匆，无奈朝来寒雨晚来风。　胭脂泪，留人醉，几时重？自是人生长恨水长东。
>
> ——《相见欢》

这时候的词，写得实在到了登峰造极的境界。"林花谢了春红，太匆匆"，场景美，音韵美，意境美。

"胭脂泪，留人醉，几时重？自是人生长恨水长东。"胭脂有泪，宛如杜鹃啼血。醉了又醒了，好景难留。人生长恨水长东，遗憾太多，伤感太多。无力派遣，任它如流水，滔滔不绝。

> 无言独上西楼，月如钩，寂寞梧桐深院锁清秋。 剪不
> 断，理还乱，是离愁，别是一番滋味在心头。
>
> ——《相见欢》

"新月如钩，梧桐锁清秋。"这样的场景太美，太冷，也太伤感。之于李煜，更是太残忍。

残忍地难再回望，满首白发滋长，理了还生，生了还乱。最是剪不断且理还乱无法言说的还是离愁。

> 深院静，小庭空，断续寒砧断续风。无奈夜长人不
> 寐，数声和月到帘栊。
>
> ——《捣练子令》

昼，不能安；夜，不能寐。李煜的人生就在这样的悲怆中，宛如一壶酒，断了又续，添了还是空空，唯留满腹哀愁。

身是这样哀愁，到最后还是有了尽头。

北宋太平兴国三年（公元978年），赵光义终于腾出时机，他终于下定决心要杀了这个满腹哀愁且牢骚太盛的末代君王李煜。

书生无用，最无用者当是徐铉。赵光义就是借了徐铉的手，狠下了杀李煜的心。

那时的徐铉真是无知，那时的李煜也真是坦白。一句"我后悔

错杀了李平和潘佑"从李煜口中说出，再经由徐铉之口传入了赵光义耳中。

赵光义觉得李煜恨他，灭国之恨，夺妻之仇。新仇旧恨，李煜足以恨他一辈子。

被人嫉恨是很不舒服的，赵光义觉得自己就像是被钉在砧板上，只待李煜面目狰狞地拿刀对着自己。然后在腰部狠狠一捅，这很可怕很不爽！

又是一年七夕夜。

李煜生辰之日，七夕之月虽未及圆满，但已很澄亮。

李煜独自喝酒，酒入愁肠，每一寸都是钻心的疼。

也罢，七夕之夜，又是自己生辰，该填词一首：

　　　　春花秋月何时了？往事知多少。小楼昨夜又东风，故国不堪回首月明中。　雕阑玉砌应犹在，只是朱颜改。问君能有几多愁？恰似一江春水向东流。

李煜请自己的歌妓吟唱，望着歌妓舞姿翩跹，字字圆润，李煜嘴角噙出一丝笑意。

再回眸，李煜已打翻了酒盏，袖间翻着酒污。

歌妓依旧唱着《虞美人》词，李煜频点明眸。

此时的李煜慵懒地望着歌妓，慵懒地依靠着卧榻。好久没这样享受了，自己好像又是南唐的王了。

隔墙有耳，小人肇事。赵光义听闻奏报后，对李煜所吟"故国不堪回首月明中"恨得咬牙切齿。

他还念着他的国，他还知道他的国不堪回首？

赵光义恨得咬牙切齿，他已下决心今天一定要把李煜钉在砧板上，给他一个痛快！

很快，李煜的知交赵廷美就携着御赐的美酒上门拜访。

把酒言欢，李煜和赵廷美谈得畅快。二人谈论也由诗词歌赋延及人生悲喜，由小桥流水延及大江名川。

李煜饮着御赐的酒，笑意依然，他心情欢畅："卿有所不知，在下最爱还是江南，最喜还是江南。"

赵廷美点头赞同，在和李煜欢畅言笑后，他回程的路上依旧想着李煜昔时所写《望江南》：

闲梦远，南国正芳春。船上管弦江面绿，满城飞絮滚轻尘，忙煞看花人。

闲梦远，南国正清秋。千里江山寒色远，芦花深处泊孤舟，笛在月明楼。

他春忆江南，秋忆江南；忆江南之土，忆江南之水。他习惯了江上老翁惊鸥鹭，飞絮扬轻尘。芦花层层叠叠，孤舟若隐若现，江色澄碧的江南美景。

赵廷美不由得有些羡慕李煜。

可赵廷美万万没想到，他这一去，他和李煜便永世相隔。

赵廷美所送的御酒里有毒，牵机之毒。毒发之时，中毒者全身抽搐，生不如死。挣扎愈烈，药力越盛，最后足部佝偻而死。

又是一年七夕夜，你来于此，走时亦选了此日。

七夕今宵看碧霄，牛郎织女渡鹊桥。家家乞巧望秋月，穿尽红丝几万条。

红丝漫飞中，你闭上了眼睛，眼角淌着清泪。

四十二年的峥嵘岁月，若说遗憾，你当是有的。人生长恨水长东，你可有遗憾呵？

遗憾未能魂归故里，落叶归根，终究敌不过秋意寒凉……

遗憾未能与子偕老，我的爱妻，我终究是先于你去了……

一切尘归于土，归于千年之后。我们依旧记得你才华横溢的词作，记得你荡气回肠的爱情，记得你生于七夕，终又魂归七夕……

落花随流水，谁堪做《绿衣》

李煜死后，小周后痴痴呆呆。先是抱着李煜的尸体，不哭不闹，冷静空洞的似只木偶。

李煜死后，她只求赵光义能随她最后一个愿望。即将李煜灵柩送归金陵，赵光义不许。

小周后这才放声大哭了出来。哭过之后，她流干了泪，身体也被抽空。

愿得一人心，白首不相离。

而今，他却先于她去了。

死生契阔，与子成说。李煜死了，小周后不独活。对于赵光义多次邀她入宫的邀请，她都断然拒绝。

小周后和李煜死于同一年，二人合葬于北邙山。

一代佳人，自此香销玉殒。赵光义痴了，赢得了天下，终究还是输了她。

只有北邙山下月，清光到死也相随。

小周后走了，她和李煜葬于同穴。二人可相依相爱，共执子之手，共话花前月下，再传才子佳人风流佳话。

李煜先于小周后去了，他的妻，宁死也要随他。李煜，如果你能提笔，你是否还记得幼时诵《绿衣》，感于有如是妻子：

> 绿兮衣兮，绿衣黄裹。心之忧矣，曷维其已！
>
> 绿兮衣兮，绿衣黄裳。心之忧矣，曷维其亡！
>
> 绿兮丝兮，女所治兮。我思古人，俾无訧兮！
>
> 絺兮绤兮，凄其以风。我思古人，实获我心！

李煜死后，徐铉做《大宋右千牛卫上将军追封吴王陇西公墓志铭》，以表悼念，我们同殇：

"盛德百世，善继者所以主其祀；圣人无外，善守者不能固其存。盖运历之所推，亦古今之一贯。其有享蕃锡之宠，保克终之美，殊恩饰壤，懿范流光，传之金石，斯不诬矣。

王讳煜，字重光，陇西人也。昔庭坚赞九德，伯阳恢至道，皇天眷祐，锡祚于唐。祖文宗武，世有显德。载祀三百，龟玉沦胥。宗子维城，蕃衍万国。江淮之地，独奉长安。故我显祖，用膺推戴。耀前烈，载光旧吴。二世承基，克广其业。皇宋将启，玄贶冥符。有周开先，太祖历试，威德所及，寰宇将同。故我旧邦，祇畏天命，贬大号以禀朔，献池图而请吏。故得义动元后，风行域中，恩礼有加，绥怀不世。鲁用天王之礼，自越裳钩，存纪侯之国，曾何足贵。王以世嫡嗣服，以古道驭民。钦若彝伦，率循先志。奉蒸尝，恭色养，必以孝；宾大臣，事耆老，必以礼。居处服御必以节，言动施舍必以仁。至于荷全济之恩，谨蕃国之度，勤修九贡，府无虚月；祇奉百役，知无不为。十五年间，天眷弥渥。然而果于自信，怠于周防，西邻起衅，南箕构祸。投杼致慈亲之惑，乞火无里媪之辞。始营因垒之师，终后涂山之会。大祖至仁之举，大赉为怀；录勤王之前效，恢焚谤之广度。位以上将，爵为通侯，待遇如初，宠锡斯厚。今上宣猷大麓，敷惠万方，每侍论思，常存开释。及飞天在运，丽泽推恩，擢进上公之封，仍加掌武之秩。侍从亲礼，勉谕优容。方将度越等彝，登崇名数。

呜呼！阅川无舍，景命不融，太平兴国三年秋七月八日，遘疾薨于京师里第，享年四十有二。皇上抚几兴悼，投瓜轸悲，痛生之不逮。俾殁而加饰，特诏辍朝三日，赠太师，追封吴王，命中使莅葬。凡丧祭所须，皆从官给。及其年冬十月日，葬于河南府某县某乡某里，礼也。夫人郑国夫人周氏，勋旧之族，是生邦媛，肃雍之美，流咏国风。才实女师，言成闺则。子右千牛卫大将军某，襟神俊茂，识度淹通，孝悌自表于天资，才略靡由于师训，日出之学，未易可量。

惟王天骨秀颖，神气清粹，言动有则，容止可观。精究六经，旁综百氏。常以为周孔之道，不可暂离，经国化民，发号施令，造次于是，始终不渝。酷好文辞，多所述作。一游一豫，必颂宣尼。载笑载言，不忘经义。洞晓音律，精别雅郑；穷先王制作之意，审风俗淳薄之原。为文谕之，以续《乐记》。所著文集三十卷，杂说百篇。味其文，知其道矣。至于弧矢之善，笔札之工，天纵多能，必造精绝。本以恻隐之性，仍好竺乾之教。草木不杀，禽鱼咸遂。赏人之善，常若不及；掩人之过，惟恐其闻。以至法不胜奸，威不克爱。以厌兵之俗，当用武之世。孔明罕应变之略，不成近功；偃王躬仁义之行，终于亡国。道有所在，复何愧欤？

呜呼哀哉！二室南峙，三川东注，瞻上阳之宫阙，望北邙之灵树，旁寂寂兮回野，下冥冥兮长暮。寄不朽于金石，庶有传于竹素。其铭曰：

天鉴九德，锡我唐祚。绵绵瓜瓞，茫茫商土。裔孙有庆，旧物重睹。开国承家，疆吴跨楚。丧乱孔棘，我恤畴依。圣人既作，我知所归。终日靡俟，先天不违。惟藩惟辅，永言固之。道或污隆，时有险易。蝇止于棘，虎游于市。明明大君，宽仁以济。嘉尔前哲，释兹后至。亦觏亦见，乃侯乃公。沐浴元泽，徊翔景风。如松之茂，如山之崇。奈何不淑，运极化穷。旧国疏封，新阡启室。人谍之谋，卜云其吉。龙章骥德，兰言玉质。邈尔何往，此焉终毕。俨青盖兮祖，驱素虬兮迟迟。即隧路兮徒返，望君门兮永辞。庶九原之可作，与缑岭兮相期。垂斯文于亿载，将乐石兮无亏。"

210

后记：月圆如画，月缺是诗

完稿之日，2010年8月16日，恰值农历七夕。

今天早上起来，笔者便收到一条信息，出自"知白守黑"的博客。题为《揭秘：李煜生死巧合之谜》，提示是"七夕节很神奇，南唐后主李煜在这一天降临人世。四十二年后，又在同一天驾鹤西游。生于七夕，又死于七夕。这样的巧合，死去活来；这样的选择，只是唯一。这究竟是命运选择了李煜，还是李煜被世人嘲弄……"

笔者并没有点进去关注，因笔者已懂李煜。

笔者将自己的思想寄托在字里行间，细看《江山犹是昔人非》，你会觉得，李煜不是生涩的，小周后也不再是花瓶。

言之有物，这是笔者追求的。

李煜的词作后期是辉煌，是巅峰，是被人歌颂传唱的，但笔者更偏爱李煜爱自由且潇洒不羁的前半生。

没有满腹哀愁，他的词作依旧清丽动人。

"浪花有意千重雪，桃李无言一队春。 一壶酒，一竿纶，世上如侬有几人？"

又如"一棹春风一叶舟，一纶茧缕一轻钩。花满渚，酒满瓯，万顷波中得自由。"

很美，不是吗？

很自由，很随想，不是吗？

我们也向往李煜的生活，美人好酒，诗词歌赋，舞蹈曼歌……我们也有愁思，也会远离故乡，也会漂泊无家。可人生路漫漫，我们心里始终有家有寄托。会流泪，更会微笑；会消沉，更会执著。

借汪国真的《旅行》祝愿读者，也祝福眠于地下且词魂不朽的李煜，还有他的爱人："仰首是春，俯首是秋，愿所有的幸福都追随你。月圆是画，月缺是诗。"

汉滴

2010年8月16日　家中

参考文献

[1] 王兆鹏. 南宋词汇评. 杭州：浙江教育出版社，2004.

[2] 杨军. 南唐后主李煜传. 长春：吉林人民出版社，2010.

[3] 虞元国. 细说宋朝. 上海：上海人民出版社，2002.

[4] 田居俭. 才华横溢的薄命君王：李煜传. 北京：国际文化出版公司，2009.